稲盛和夫
魂の言葉108

稲盛和夫　述
稲盛ライブラリー　構成

宝島
SUGOI
文庫

宝島社

まえがき

私はこれまで、1959年にファインセラミックスの部品メーカーとして設立した京セラをはじめ、通信事業者のKDDI、航空会社の日本航空（JAL）の経営に携わり、3社を成長・発展に導くことができた。

そのような私の経営のベースとなった生き方、働き方、そして考え方を知りたいという声があり、出版社に請われて、これまで多くの著書を出版する機会に恵まれた。著書では、私自身が「人間として何が正しいのか」と問い、ど真剣に人生を生き、会社を経営するなかで体得してきた実践哲学を述べてきた。幸いにして、経営者や会社幹部をはじめとする多くの読者に受け入れられ、示唆を受けたという声も多数いただいている。

一昨年のこと、私がこれまで述べてきたことをエッセンスとして抽出し、より多くの読者、特に若い方々に届けたいという依頼を宝島社から頂いた。

いまの若い人たちは、「失われた20年」と言われる閉塞感漂う環境下で育ってきた。そのためか、自分の将来だけではなく、日本という国の将来にも不安を持ちながら生き、若年層の自殺者やニートが増加傾向にあるようだ。

このことから、私の経験や人生、仕事を通して考えてきたことが、生きることに迷う若い人の背中を押す力になるならと、出版をお受けすることにした。

本書では、若い人にもその真意が正しく伝わるよう事例や未公開の写真などを交えて、私の述べた言葉がやさしくときほぐされるように解説されている。結果として、これまでにない新しい視点から、私の思想をより身近に捉え直すことができるのではないかと思う。

私自身、人生を振り返ってみると挫折の連続だった。中学受験に失敗し落ち込んでいるときに結核にかかった。戦時中の空襲で家は焼け、家業は廃業に追い込まれた。大学入試では志望大学に落ち、さらに苦労して入社した会社は倒産寸前だった。

まさに挫折続きの青春時代ではあったが、その後、人生に明るい希望を抱き、一生懸命誰にも負けない努力を続けてきたことで、道は開かれてきた。未来を担うべき若い人たちが本書を手に取り、よりよい人生を歩むための実践的な指針としていただけることを願ってやまない。

2018年7月

稲盛和夫

目次

本書は、２０１８年に単行本書籍として刊行された
『稲盛和夫 魂の言葉１０８』の内容を修正した文庫改訂版です。
文庫化に際して、一部表記を改めたほか、人物・団体、年月日やそのほかの
数字などの表記は、２０１８年旧版刊行当時の情報に基づきます。

本書は、稲盛和夫氏の言葉をわかりやすく伝えるため、
稲盛ライブラリーの編集協力のもと、
宝島社編集部が稲盛氏の考え方や人生観を解説したものです。

第1章

生き方

生き方

001

ほんとうの人生

試練を「機会」としてとらえることができる人――そういう人こそ、限られた人生をほんとうに自分のものとして生きていけるのです。

――『生き方』(サンマーク出版)

人生を豊かにする生き方

何のために人間は生きているのか。人生に目的はあるのか。

日々の仕事や生活のなかで、ふとしたときにこうした問いかけに立ち止まることがあるのではないでしょうか。仕事があまりに忙しく、自分を見失いかけたとき。あるいは困難なことに出くわし、何もかも投げ捨ててしまいたくなったとき。

私たちはつい、一番に楽な道を選びがちです。それは楽になりたいという欲に迷う、人間という生き物の本能とも言えるでしょう。人は易《やす》きに流れます。放っておけば人間は際限なく、財産・地位・名誉を欲しがり、快楽に溺れてしまうのです。

地位も名誉も生きるためのエネルギーと言えばそれまでですが、こうしたものは現世限りのもので、どれひとつ、あの世に持っていくことはできません。

そのなかで唯一、不滅なものとは何か。

稲盛氏は、それは「魂」だと言います。稲盛氏にとって、人間は何のために生きているのか、という問いの答えは、「生まれたときより少しでもましな人間になる」「わずかなりとも美しく崇高な魂をもって死んでいくため」なのです。

生きていくことは、楽しいことよりも苦しいことのほうがずっと多いものです。だからこそ、そうした苦しみは魂を磨くための試練だと考えることが大切なのです。

何が正しいのか、未来への見通しも定かではない現代社会では、まず何よりも、「生き方」が問われていると言えるでしょう。「人間は何のために生きているのか」という根本的な問いに向き合い、生きる指針となる「哲学」こそが、この混迷の時代を生き抜くために必要なのです。この世の労苦を試練と考え、自分の魂を磨く絶好の「機会」だと思うこと。そのように人生の意味・目的を考え、日々鍛錬を欠かさないこと。これこそがその人の人生をより豊かなものにしてくれる「生き方」なのではないでしょうか。

稲盛氏が京セラの前身である京都セラミックを立ち上げた際、最初の顧客は松下電子工業でした。当時、需要が増大していたテレビ用のフォルステライト磁器製品の大量発注があったのです。立ち上げ当初の京都セラミックは機械も人員も限られていましたが、連日連夜、一丸となって働き、量産態勢を軌道に乗せていきました。稲盛氏も「松下さんのおかげで京セラは順調なスタートが切れた」(『働き方』三笠書房より）と述懐していますが、松下（現・パナソニック）グループからの仕事はいずれも価格、品質、納期などすべての面にわたってたいへん厳しい要求だったそうです。

ですが、稲盛氏はこの労苦・困難こそ「試練」だと考えて、むしろ「鍛えていただいている」と感謝したと言います。厳しい要求を、スタートしたばかりの自分の会社を鍛える研鑽《けんさん》の機会と考えたのでした。その姿勢はその後も変わることはありませんでした。

このような経験が、のちにアメリカ西海岸の半導体産業から受注し、海外輸出を展開するようになったときに大きく活《い》かされました。アメリカの同業者と比べても、京セラの製品は品質・価格とも断然に優れたものでした。

苦難に直面したときに愚痴をこぼし、努力することを疎《おろそ》かにしてしまえば、それまでです。現世は心を高め、魂を磨くための修行の場だと思うこと。そのような「生き方」は、その人の「人生や仕事の結果」にも反映されているのです。

生き方

002

「ど真剣」に生きる

一日一日を「ど真剣」に生きなくてはならない。

――『生き方』（サンマーク出版）

「ど真剣」こそ、人生を好転させる秘訣《ひけつ》

働くということは、修行である。そしてそれは魂を磨くことだ、と先述しました。何よりも仕事とは毎日の積み重ねです。一朝一夕で事が為せるほど、人生は甘くありません。だからこそ、一日一日をどのように過ごすかが重要になります。

1955年、稲盛氏は大学の恩師の紹介で、大学卒業後、京都にある「松風工業」という碍子《がいし》メーカーに就職しました。この会社は1906年に松風嘉定氏が創業した歴史ある会社で、高圧碍子を日本で初めて製造し、一時は日本碍子（現・日本ガイシ）をしのぐ勢いだったそうです。

しかし、稲盛氏が入社した頃には、給料の遅配も日常茶飯の、いつ潰れてもおかしくないような会社になっていました。

稲盛氏は同期入社の者たちと口々に、会社への不平不満をこぼすようになっていったそうです。そうこうするうちに一人二人と会社を辞め、同期入社組は稲盛氏ともう一人だけになりました。自分たちも会社に見切りをつけようと、二人し

て自衛隊の幹部候補生学校の試験を受け、みごと合格。入学のために戸籍抄本を送るよう、鹿児島の実家に頼んだのですが、待てど暮らせど送られてこず、同期入社のうち稲盛氏だけが、会社に取り残されることとなりました。

これは稲盛氏の兄が「苦労して大学まで行かせて、さらには恩師の紹介でやっと会社に入ったというのに、半年も辛抱できないとは情けない」と、手紙を握り潰していたのでした。進退窮まった稲盛氏は、「かえって吹っ切れた」そうです。不平不満を言っていても仕方がない、会社を辞めるからには大義名分はあるか？逆に漠然とした不満から辞めては、きっと今後の人生もうまくいかないだろうと思い直し、とにかく仕事に没頭しようと決意したのです。会社の研究室に鍋や釜を持ち込んで、朝から深夜まで実験づけの毎日を過ごすようになりました。

これが稲盛氏にとって「人生の転機」となりました。ともかく目の前にある自分の仕事に集中して、心底のめり込む日々。このとき、大学出の新入社員だった稲盛氏は、初めて「働くこと」と真正面から本気で向き合うようになったのでした。

すると、不思議なことに仕事のほうもうまくいきはじめ、いい結果が出るようになります。そうなると、上司やまわりからも褒《ほ》められることが増え、仕事がおもしろくなります。仕事がおもしろければ、さらに努力をして、またいい結果を出せました。

そうするうちに、いつしか、「会社を辞めたい」「自分の人生はどうなっていくのだろう」といったネガティヴな気持ちや迷いは不思議と消えてしまったそうです。

先行きが不安だったり、現状に不満足を覚えたりするときは、憂うばかりでなく、その日その日を「ど真剣」に向き合って生きることが大切です。

「ど真剣」に仕事や勉強に打ち込めば打ち込むほど、人生は好転していく。稲盛氏は、身をもってそれを体験したのでした。ただの「真剣」ではいけません。「ど」がつくほどの真剣さで、一度きりの人生を無駄にしないという覚悟でもって生きていく。

こうした愚直な生きざまを継続することで、人は自らの生を変えるチャンスを手にするのです。

生き方

003

原因と結果を見極める

自分に訪れる出来事の
種をまいているのはみんな自分なのです。

――『生き方』（サンマーク出版）

自分の心がけ次第で、運命すら変えられる

「因果応報」とは仏教の言葉ですが、これは物事の原因と結果がはっきりと結びついているさまを言います。言い換えれば、この世の出来事には必ず原因があるのです。

稲盛氏の前半生は、中学入試に失敗し、翌年再挑戦しても失敗、その後、なんとか進学できたものの、大学入試でも志望校に入ることができませんでした。就職も、受けても受けても決まらず、ようやく恩師の紹介で決まったものの、入社した会社は倒産寸前のありさま。加えて、国民学校高等科の頃には、結核にかかりました。

稲盛氏の叔父も結核で早くに亡くなっています。

療養中の叔父がいる離れの前を通るとき、稲盛少年は感染するのが怖くて、鼻をつまんで走り抜けていたそうです。医学の本を借りてきて調べてみると、結核菌は空気感染するとわかり、それで鼻をつまんでいたのですが、通り抜ける前に

息が詰まり、手を離してしまい、逆に苦しくて深呼吸をする始末でした。

しかし、稲盛氏の兄はそう簡単に感染するものか、と平然としていました。叔父の看病をしていた父も同様です。にもかかわらず、誰よりも注意していた稲盛氏だけが結核になってしまいました。

このときの経験を、稲盛氏は次のように反省しています。

すなわち、病気を過度に気にして、逃げようとばかりしていた自分の弱い心そのものが、災いを招いてしまったのではないか。逆に、自分が結核になる可能性も顧みずに、弟の面倒を徹底的にみようとした父の献身的な心こそ、尊い。このような大きな愛に溢《あふ》れた父には、結核菌も取り付きはしなかったのだろう、と。

人生は山あり谷ありと言いますが、その山も谷も、幸不幸の一切は、こうした自分の心のありようが招いたものなのではないでしょうか。

先にも触れたように、稲盛氏は恩師の紹介で入社した会社が倒産寸前とわかってからわずか半年も経ずして辞めようと考えました。しかし、心を入れ替え、一日一日を一生懸命に生きることで、挫折ばかりの人生を初めて好転させたのです。

それは私たちに、人間の運命はすべてがあらかじめ決められているのではなく、自分の意志ひとつで、よくも悪くもできるのだということを教えてくれます。

運命すら変えていけるもの。それが私たちの意志であり、心です。人生とは自らつくり出すものなのです。

中国の古典『孟子《もうし》』のうち、「盡心章《じんしんしょう》」の一節には「夭寿貳《ようじゅたが》わず、身を修めて以《もっ》て之《これ》を俟《ま》つは、命を立つる所以《ゆえん》なり」とあります。「人間には若くして亡くなる人もあれば、長生きする人もある。それはすべて天命で決められていることである。だからこそ生きているうちはわが身の修養に努め、天命を待つのが人間の本分を全うすることだ」という意味です。同じ章では「その心を存し、その性を養うは、天に事《つか》うる所以なり」ともあります。「心をより鍛錬し、養うことは天命に通じる」ということです。

心ひとつでその運命をも変えてしまうことができる。これを孟子は「立命《りつめい》」という言葉で言い表したのです。自分にどんな幸不幸が訪れようともそれは、自分の心が招いたもの。心がけ次第、生き方次第でいかようにも変えることができるのです。

生き方

004

無限大の可能性

人間の能力は無限だ。

――『生き方』(サンマーク出版)

簡単に無理だと思わないこと

自分の力では越えられないような困難や課題に直面すると、「それは無理だ」とやる前から諦めてしまうことがないでしょうか。

たとえば仕事の場面で、自分たちの技術ではかなり無茶な依頼をされたとします。「自分たちの能力が先方の要求に見合っていないのだから無理だ、この仕事は断ってしまおう」というのは、正しい判断なのでしょうか。

よく言えば自分の能力に対して、冷静な判断をしたのかもしれません。しかし、このような考えでは、人間はいつまでたっても成長しないでしょう。悪く言えば、現状に満足しているような発言です。

1966年、京セラ（当時は京都セラミック）はローゼンタール社やデグサ社といったドイツを代表するセラミックメーカーと競合するなか、IBM社向けのIC用アルミナサブストレート（集積回路用基板）2500万個の受注を決めました。全社員を挙げて大喜びしたのもつかの間、IBMの仕様は信じがたいほどに厳しく、何度試作を繰り返してもはねられてしまったのです。仕様書は図面1枚だけというのが通常だった時代に、ＩＢＭの仕様書は本1冊分ほどもあり、中身もたいへん細かいものでした。

それは当時の京セラの技術力では、果たして対応できるかどうかというレベルのものだったのです。稲盛氏自身、自分たちの技術では不可能だろうという思いが幾度も頭をよぎったそうです。

ですが、当時まだ名もない中小企業であった京セラにとっては、千載一遇のチャンス。この苦難は、自社の技術を高めて、その名を知らしめる好機であると思い直すと、稲盛氏は全身全霊を傾けて努力し、持てる技術はすべて注ぎ込むようにと社員を叱咤《しった》しました。

受注の翌月に社長に就任した稲盛氏は、滋賀工場の寮に泊まり込み、夜を徹しての作業を連日繰り返しました。しかし、それでもなかなかうまくいきません。なんとか規格どおりの製品を作っても、不良品と判定されて、つき返されることもたびたびでした。

そして、さらに筆舌に尽くしがたい努力を重ね、ついにＩＢＭの高い要求基準を満たすような製品の開発に成功し、納期に間に合うよう膨大な量の製品を出荷することができたのです。

無理だと思えるような高い目標であっても、「人間の能力は無限だ」と強く念じ、これでもかという情熱と、ひたむきな努力を惜しまないこと。これこそが、人間の能力を開花させてくれるのです。

生き方

005

潜在力を信じること

将来の自分になら可能であると
未来進行形で考えることが大切です。
まだ発揮されていない力が眠っていると
信じるべきなのです。

――『生き方』（サンマーク出版）

人間はその思考を実現することができる

先述したとおり、京セラは無理と思われたＩＢＭの受注を実現し達成することで、業績を上げていきました。このように京セラでは創業の頃より、他社が「できない」と断った仕事も、進んで受注していたのです。それも確かな、素晴らしい技術力がもともとあったから、というわけではありませんでした。新興の中小企業だからこそ、そうするしか生きる道がなかったのです。

日々の仕事のなかで、相手先からかなり困難な依頼、ときには無茶な依頼を受けることもあるでしょう。そのときに「できない」と言ってしまえばそれまでです。相手との関係もそれで終わります。断るのは簡単なことですが、それを繰り返していては結局、仕事のできない人間だと思われてしまいますし、そうした社員ばかりだと、経営はそれだけで成り立たなくなってしまうでしょう。

そこで「できます」と応じたならば、今度は必ず結果を出さなければ、次の仕事も来なくなります。「できます」という嘘を、どうにかして本当にしなければいけません。「できないもの」を「できる」と引き受けたからには、実際に「できる」ようになるまで、徹底的に努力をしてやり続けることが大事です。生半可な努力でなく、「できる」まで徹底的にやることです。

人間の能力はいつまでも同じままではありません。やればやった分だけ、変わることができるはずです。だからこそ、現状の自分の能力を物差しにして測るのではなく、未来進行形で考えることが重要なのです。人間の能力は未来に対して常に開かれています。未来のある一点、すなわち到達すべき目標をきちんと見据えて、誰にも負けない努力を惜しみなく注ぎ続けること。自分の能力を「未来進行形」で考える姿勢、ひいてはそのような生き方こそが、高く大きな目標を達成するための極意だと言えるでしょう。

かつてフランスの先史学者・人類学者アンドレ・ルロワ＝グーランは人類の進化の歴史を辿りながら、人間が言葉と技術などの文化を獲得することによって、いかに知性を生み出していったのかという、ダイナミックな問いを研究しました。まさしく人間についてのエキスパートだったルロワ＝グーランは次のような言葉を残しています。

「人間はその思考を実現することができるようにつくられている」

人間の能力の可能性は無限大です。そのように強く思い、考え、努力を惜しまず、継続することができるならば、きっとどんなことであっても実現することができるはずなのです。だからこそ、絶対に「できない」と口にしてはなりません。考えてもいけません。難しい課題に直面したときには、自分の能力の、無限の可能性を信じることこそが先決なのです。

惜しみなく努力を重ねていても、なかなかそれが実を結ばないことのほうが多いものです。

それも考えてみれば当たり前のことです。他の人間が避けて通るような困難を積極的に引き受けているわけですから。「もう無理だ」と思った時点というのは、諦める終点ではなく、そこから始まる再スタート地点なのです。

自分に限界を設けることなく、飽くなき探究心と挑戦する気概を持ち続けること。これこそがピンチをチャンスに変える方法だと言えるのではないでしょうか。

生き方

006

「今日一日」を精一杯に生きる

人生とはその「今日一日」の積み重ね、
「いま」の連続にほかなりません。

――『生き方』（サンマーク出版）

「いま」を大切にするからこそ、未来が開けてくる

志はいつも高いところに置く。それは人生に対する確固とした目標を持つということです。若い頃、特に就学時に「自分はどういう人間なのか」「人生をどう生きたらいいのだろうか」と、人生の目標について考えたことがある人とない人とでは、人生の後半において、大きな差がついてしまうでしょう。

ですが、そうした大きな志や目標も、一朝一夕でものにできるわけではありません。大きな目標を実現するためには日々の地道な努力が欠かせないのです。

京セラがいまのような大きな会社ではなく、町工場だった頃、稲盛氏は社員に向かって「この会社を必ず世界一の会社にしよう！」と繰り返し話していました。

しかし、現実はどうだったか。

夢や望みは高くとも、来る日も来る日も、地味で単純な仕事をこなす毎日だったと稲盛氏は述懐しています。昨日終わらなかった仕事を少しでも前に進めるために、目の前に横たわる問題をひとつずつ、懸命にかたづけていく。それだけで

一日が過ぎてしまうこともしばしばでした。

もちろん、ときには夢と現実の大きな落差に打ちのめされることもありました。日々の仕事に追われるような状態を繰り返すだけで、世界一の会社なんて作れるのだろうかと自問自答したこともあったそうです。

ですが、このようにその日その日の仕事を懸命にこなし、着実に努力を重ねていったことは、大きな目標を達成するために不可欠なものだったのです。

千里の道も一歩から、という言葉がありますが、これは老子の言葉にちなみます。老子は「合抱《ごうほう》の木も毫末《ごうまつ》より生じ、九層の台も塁土《うてな》より起こり、千里の行《こう》も足下《そっか》より始まる」と語りました。これは、「一抱えもある大木も毛先ほどの芽から生まれ、大きな建物も土台を盛ることから始め、千里の道も一歩から始まる」という意味です。

いまは見上げるほど大きな大木も、はじめは小さな芽にすぎません。それが幾年もかけて、一ミリ、一センチと生長を続けて大木となる。大きな建物も、基礎がしっかりとしていないものはすぐに倒壊してしまいます。着実に土台を作るところから始まるのです。

この延長に千里の道もあります。千里の道を行くには、しっかりと地に足をつけて一歩ずつ進んでいかなければなりません。大きな夢も一日一日の積み重ねの果てに、ようやく実現できるものなのです。

いま、このときをないがしろにしてはいけません。いま、この瞬間をいかに懸命に生きることができるかによって、次の瞬間が決まってくる。その積み重ねを一日、また一日と重ねれば、明日は自明のものとなります。そうしてやってくる明日もまた懸命に生きる。すると一週間が見えてくる。その一週間を積み重ねれば、一ヵ月、そして一年と確かなものになっていきます。

充実した素晴らしい人生を送るためには、いたずらに先のことについて思い煩ったり、将来について不安になったりしてはいけません。いまこの瞬間を懸命に努力することが大事なのです。

「いま」を大切にするからこそ、むしろ未来が開けてくるのです。これこそ、大きな夢を実現するための唯一かつ最善の道なのではないでしょうか。

生き方

007

好きであればこそ

仕事をとことん好きになれ――

それが仕事を通して人生を豊かなものにしていく唯一の方法といえるのです。

008

つらい仕事を生きがいのある仕事に変えていくことが必要です。

それには仕事を好きになることです。

――『生き方』（サンマーク出版）

自ら燃え上がる自燃性の人になれ

仕事をやり遂げるには、たいへん大きなエネルギーを必要とします。困難な仕事であればあるほど、より大きなエネルギーが必要です。このエネルギーはいわば、自分自身を励まし、燃え上がらせてくれるようなやる気の種火のようなものです。

物質はそもそも「可燃性」「不燃性」「自燃性」と3つの性質で大別されます。「可燃性」は火を近づけると燃え上がるもの。「不燃性」は火を近づけても燃えないもの。そして、「自燃性」は自分から燃え上がるもの。

この3つのタイプは人間にとっても同じです。

もしあなたが何かを成し遂げたい、と思うのならば、自ら燃え上がる「自燃性」タイプの人間にならなくてはなりません。「自燃性」タイプの人は、一言で言えば、誰に言われなくても自分から進んで仕事をするような人です。またこうした「自燃性」タイプの人は、自ら燃え上がることで、そのエネルギーを周囲にも分け与えることができ、一緒になって燃えることができます。「可燃性」の人を巻き込んで、燃え上がるのです。

では、このような「自燃性」タイプの人になるにはいったいどうしたらよいのでしょうか。

その答えは、極めてシンプルです。すなわち、「仕事を好きになる」ことだと稲盛氏は説きます。「好きこそものの上手なれ」という諺《ことわざ》もありますが、「好き」であることこそが最大のモチベーションなのです。どんな意欲も、努力も、その後の成功も、すべては「好き」であることが原動力となっていることを見逃してはいけません。

どんな厳しい仕事であっても、それが「好き」なことならば苦ではありません。「好き」ならばむしろ、自然と意欲も湧いてきますし、努力を努力とすら思わなくなるでしょう。傍《はた》から見ると、たいへん苦しい努力をしているように見えますが、本人にとっては好きなことをやっているだけですから、労苦ではありません。むしろ、楽しいのです。

どんな分野の人でも、やはり成功している人は誰しも、自分のしていることが「好き」な人だと思います。

もし、あなたがいまの仕事で成功したい、何かを達成したいと思っているのならば、その仕事をとことん好きになることです。

それこそが、仕事を通して、自らの人生を豊かにしていく、唯一の生き方なのだと言っても過言ではありません。

生き方

009

仕事を好きになるためには

自分の仕事がどうしても好きになれないという人はどうすればよいか。とにかくまず一生懸命、一心不乱に打ち込んでみることです。

——『生き方』（サンマーク出版）

打ち込めば打ち込むほど好きになる

仕事をどうしても好きになれない人はいったいどうすればよいのでしょうか。

逆説的に聞こえるかもしれませんが、自分の仕事が好きになれない人は、とにかく一生懸命に、かつ一心不乱にその仕事に打ち込んでみることです。

まるで鶏が先か、卵が先かの議論のようですが、この関係は循環しています。好きだからこそ仕事に打ち込めますし、打ち込んでいるうちに好きになってくるものなのです。

人間は心がけ次第で、どんなふうにも変わることができます。だから、最初は無理だとわかっていても、まず「いまの仕事は素晴らしいのだ」とか、「なんて恵まれた環境なのだろう」と繰り返し自分に言い聞かせてあげることが大切です。

そうしているうちに、不思議と仕事に対する見え方が変わっていきます。仕事が嫌で嫌でしかたがないという人は、職場にいるときは普段よりもネガティヴに考えてしまいますから、仕事の質も効率も悪くなります。しかし、心持ちが変わると同じ仕事でも積極的に行うことができるでしょう。

これも先に触れましたが、稲盛氏が大学を卒業して就職した松風工業は当時、いつ倒産してもおかしくないような状態でした。不平不満を言い合った同僚たちは次々に辞めていき、ついには自分だけが取り残されてしまいました。

無理を言って大学まで行かせてくれた両親や家族、就職難のさなか自分を会社に推薦してくれた恩師のことを思えば、この会社で働けること自体、たいへんありがたいことです。稲盛氏は一念発起し、とにかく懸命に目の前の仕事に打ち込むことを決意しました。実際にそのように過ごしていると、次第に結果が伴うようになってきます。うまくいけば、周囲からの評価も高まり、褒められることもしばしばです。そして何よりも、だんだんと自分の仕事が楽しくなってきます。さらによい成果を出そうと、これまで以上にがんばって打ち込むようになっていきます。

とにかく目の前にある仕事にひたすら打ち込むことが、こうした好循環を呼ぶことになるのです。

やらされていると思っているいわば「不燃性」の人にとって、仕事はいつまでたってもつらいものです。この「やらされている」という意識を払拭しないことには、決して働く「苦しみ」から逃れることはできないでしょう。

もしあなたが充実した人生を送りたいのならば、「好きな仕事をする」か、「仕事を好きになる」かの、いずれかしか選択肢はありません。ですが、好きな仕事を生涯の仕事にできる人はそれほど多くはないでしょう。新卒採用の入社後3年以内の離職率は近年でも3割を超えますが、こうして辞めた人のうち、どれだけが好きな仕事に就くことができたのでしょうか。

たとえ希望する会社に入社できたとしても、必ずしも希望する職場に配属されるとは限りません。

だからこそ、いま目の前にある仕事に向き合い、「好き」になるまで、徹底して打ち込むことが、むしろ充実した人生への近道なのではないでしょうか。

「天職」という言葉がありますが、それは決してどこからか降ってくるようなものや、不意に出会えるようなものではありません。むしろ、自らつくり出していくものなのです。

生き方

010

天からの借り物

どんな人間の、どんな才能も
天からの授かり物、いや借り物でしかないと、
私は思っています。

――『生き方』(サンマーク出版)

謙虚という美徳

人間の生き方において、とても大切なのが「謙虚」という道徳です。ひとつの会社を経営するということは、経営者の能力だけでなく、この謙虚さも重要になってきます。

そもそも京セラは、稲盛氏の技術者として培った技術を世に問うという強い思いから生まれた会社です。もともとは、稲盛氏の夢の実現というある種、利己的な願望から生まれました。

しかし、京セラを創業して3年目の1961年、前年に入社した高卒社員11名が突然、稲盛氏の席にやってきて、「要求書」を突き出したことがありました。定期昇給やボーナスといった将来の保証を約束してほしい、約束できないならみんな辞める、と言うのです。

稲盛氏自身も、松風工業で入社早々に辞めたいと思った経験もありましたから、辞めるというのはよほどのことだと思い、じっくりと話を聞いてみました。当時はみんな深夜まで残業する毎日でした。

中卒の社員は夜間高校に通うために定時で帰らされていましたが、高卒になると、そうはいきません。日曜にすら駆り出されることになり、彼らの不満は積み重なっていたのです。しかし、創業間もない会社に、将来の保証ができるはずもありません。

稲盛氏は彼らを自宅に招き、ひざを突き合わせて3日間にわたって説得したそうです。一人、二人と応じるなか、一人だけはなかなか折れませんでした。稲盛氏は「もし、お前を裏切ったなら俺を刺し殺してもいい」と迫り、ついに相手は稲盛氏の手を取って泣き出しました。自分の夢の実現という目的のために作った会社だが、若い社員はそんな会社に一生を託そうとしている、採用した社員の面倒を生涯みなくてはいけない。その重責を嚙み締めるとともに、ただ経営者の利己的な目的、私利私欲のために会社を目的化してはいけないと、稲盛氏はこのとき強く思い直したそうです。

そして、会社経営の最も基礎となる目的は、将来にわたって従業員とその家族の生活を守り、みんなの幸せを目指していくことだと考え、「全従業員の物心両面の幸福を追求する」という経営理念を掲げました。

こうして、この経営理念には従業員の面倒だけでなく、さらに社会の一員として果たすべき使命を加味し、「人類、社会の進歩発展に貢献すること」という目的が付け加えられました。

稲盛氏のこの発想の根底には、自分に備わる能力は天からの借り物である、だからこそ己の才はみんなのため、「公」のために使うこと、すなわち謙虚という美徳があるのです。

生き方

011

素晴らしい人生を送るために

「素晴らしい人生を送る」にはそれにふさわしい考え方があり、それはどのようなものなのかということを、私たちは知る必要があると思うのです。

――『稲盛和夫の哲学』（ＰＨＰ研究所）

仕事に打ち込むことこそ素晴らしい

戦後という時代も70年を過ぎ、グローバル化の進展も目覚ましく、日本は世界有数の経済大国となりました。その一方で、毎年2万人を超える自殺者が出、引きこもりやニートの増加は深刻な社会問題となり、生きることや将来について不安を抱えている人がことのほか多いことも確かです。

これは、経済的な裕福が必ずしも人々の心の豊かさに通じているわけではない、ということの表れなのかもしれません。

私たちにいま必要とされるのは、人間は何のために生きているのか、という根本的な問いに真っ正面から向き合う、人間として最も基礎的な哲学なのではないでしょうか。

この章でこれまで論じてきたように、素晴らしい人生を送る生き方には、それにふさわしい考え方があるのです。

それがどんなものであるかを、私たちはきちんと知らなければなりません。そうしなければ、「人生」というものには見かけだけの変化しか訪れず、心から充実したものにはならないでしょう。

苦労を厭《いと》い、怠惰にただ楽しいこと・楽なことだけをして、おもしろおかしく生きていきたいという人。また世の中に対して斜に構え、不平不満ばかりを口にして一生を過ごしてきた人。こうした人と、人生に対して高い目標を持って、それに向かって明るくひたむきに努力を継続してきた人とのあいだには、大きな差が開いてしまいます。

日本の近代化に伴い、日本人が古来有していた労働、働くことそのものに価値を見いだす考え方も、近年ではずいぶんと変貌を遂げました。日本人は働きすぎだと欧米の先進国から批判され、労働時間を減らして余暇を増やすなどの改革がこれまで実施されてきました。「働き方改革」と称して、月末金曜の労働時間を短縮するプレミアムフライデーもこの一環と言えるでしょう。

しかし本来、日本人は稲盛氏が言うように、仕事をするなかで、さまざまな知恵や術を学び、精神性を鍛えてきたのです。いわば人は仕事を通じて成長するものなのではないでしょうか。

自分の心を豊かに、かつ高めるために、一生懸命に仕事に打ち込むこと。

かつては多くの日本人が持っていたけれども、いまではほとんど失ってしまった日本人の勤勉な労働観が持つ価値を、改めて考えてみるべきときに、私たちはさしかかっているのかもしれません。

生き方

012

神は細部に宿る

平凡な人材を非凡に変えたものは何か。
一つのことを飽きずに黙々と努める力、いわば
今日一日を懸命に生きる力です。

生き方

013

自分ができないことをできるようなふりをするのではなく、できないことをできないと素直に認めて、そこからやり直していくのです。

――『生き方』（サンマーク出版）
『心を高める、経営を伸ばす』（ＰＨＰ研究所）

生き方

014

「できる」と「知っている」の間には、深くて大きな溝がある。それを埋めてくれるのが、現場での経験なのです。

015

神が手を差し伸べたくなるぐらいにまでがんばれ。

――『生き方』（サンマーク出版）
『心を高める、経営を伸ばす』（ＰＨＰ研究所）

「知っている」だけでは「できない」

稲盛氏はあまり「才子は買わない」と言います。これは「才子、才に倒れる」という諺もあるとおり、才のある者は、その才知ゆえになまじ先が見通せてしまうからこそ逆に、今日一日を堅実に、着々と歩を進めることを疎かにしてしまう。ここに挙げた稲盛氏の言葉のように「知っている」だけでは、「できる」にはならないのです。

「できる」ということは必ず、行動があってこそです。それも、日々の絶え間ない実践の積み重ねが大事なのです。

「神は細部に宿る」と言いますが、細かなところまで手を抜かずに、やりきる努力をした者にのみ、神は手を差し伸べてくれるのではないでしょうか。

生き方

016

若い頃の苦労

偉大なことをなした人で、若いときを含めて、苦難を経験していない人は皆無といってよいはずです。

――『稲盛和夫の哲学』(ＰＨＰ研究所)

自分を高めるための苦労は進んで受け入れるべき

稲盛氏の半生を振り返ると、子供の頃に結核にかかったことも含めて、決して平坦な道のりだったわけではありませんでした。山あり谷あり、多くの艱難《かんなん》辛苦に立ち向かいながら、大きな成功を成し遂げてきたと言えます。そしてこうした苦難にどのように向き合ったのかで、その人の人間性が定まってくるものです。

鹿児島出身の稲盛氏が、人間性を磨き上げた人物として尊敬するのが、同郷の偉人・西郷隆盛でした。

西郷は、下級士族の子弟で、幼い頃は「ウドの大木」の「ウド」というあだ名で呼ばれていました。身体も大きく、目がぎょろっとしていて、無口で、あまり利発なイメージを持たれていなかったため、そのように呼ばれたのでした。

そうした子供が長じて、日本を変えるような偉業を達成しました。それはどうしてか。名君・島津斉彬《しまづなりあきら》に重宝がられ、育てられたということもあったでしょう。

しかし、それよりもむしろ、西郷自身が度重なる苦難を経験したことが大きかったのではないでしょうか。

1858年、京都清水寺の僧・月照《げっしょう》が、尊王攘夷《じょうい》運動に参加したために京都を追われ、西郷を頼って薩摩にまで逃げのびてきました。しかし、島津斉彬亡き後に、藩主の父として実権を握った島津久光《ひさみつ》が月照をかばうことを禁じたため、西郷は友情と義を果たそうと、月照と一緒に錦江湾に身投げをします。ところが、西郷だけが奇跡的に命を取り留めたのでした。自らを頼ってきた人を守れなかった悔しさや、友人だけを死なせたことに対する周囲からの非難もあったことと思います。それでも西郷は恥と屈辱に耐え、友人の死を乗り越えて生き抜きました。

島津久光とそりが合わなかった西郷は、そののちに奄美大島や沖永良部島に流刑に処されてしまいます。沖永良部島では吹きさらしの座敷牢に入れられ、海からの強い風が吹きつけ、横殴りの雨にさらされる苦渋の日々を過ごすことになりました。そのなかで、西郷は坐禅を組み、瞑想《めいそう》にふけっていたそうです。巨漢の西郷がみるみるうちに痩せてしまい、見るに見かねた監視役の役人が、自分の家に座敷牢を作って収容してやり、なんとか生きながらえました。こうした艱難辛苦のなかでも、西郷は沖永良部島の牢屋のなかで、陽明学などを学び、人間性の鍛錬に努めています。

こうして一回りも二回りも人間が大きくなった西郷は、その後、薩摩藩を指揮し、幕府方の勝海舟とあいまみえて、江戸城の無血開城の交渉をまとめ上げ、明治維新を成功に導きました。いわば度重なる苦難が、逆に西郷隆盛という人間をつくり上げていったのです。

西郷隆盛の例のように、想像を絶するような難儀、難渋を乗り越えた人こそが、結果として偉大なことを成し遂げる、「偉人」となるのではないでしょうか。むしろ、名家に生まれて、何不自由なく暮らした人のなかで、偉業を成し遂げたという人は聞いたことがありません。そういう人間は、ちょっとした苦難に出会うとすぐに挫折してしまうのです。

苦労をするのは嫌だと思うのが、人情の常だとは思いますが、「艱難、汝《なんじ》を玉にす」（逆境こそが人を育てるの意）と昔から言うように、自分を高めるための苦労は進んで受け入れるべきなのです。

生き方

017

才能の使い道

もし、自分に才能が与えられているなら、
それは従業員のため、お客様のため、そして
社会のために使わなくてはならない。

生き方

018

私は、動機が善であり、実行過程が善であれば、結果は問う必要はない、必ず成功すると固く信じています。

――『「成功」と「失敗」の法則』（致知出版社）
『心を高める、経営を伸ばす』（ＰＨＰ研究所）

私利私欲ではなく、利他の精神が大事

先述しましたが、京セラの経営理念は次の一文で示されています。

全従業員の物心両面の幸福を追求すると同時に、人類、社会の進歩発展に貢献すること。

京セラはもともと、資金も信用も実績もない、小さな町工場からスタートを切った会社です。稲盛氏にとって頼れるのは、なけなしの技術と信じ合える仲間だけでした。

会社の発展のために社員一人ひとりが懸命に努力をする。そして経営者も命がけで社員のがんばりに応える。仲間の心を信頼し、私利私欲のためでなく、社員みんなが本当にこの会社で働いてよかったと思える、素晴らしい会社でありたい。そしてわれわれ一人ひとりが人類の一員であるように、会社自体もまた社会の一

部である、だからこそ、人類、社会の進歩発展に少なからず貢献できる存在でありたい。

こうした京セラの「心」を大切にする経営の姿勢が簡潔に表現された、原点と言うべきものでしょう。

稲盛氏が第二電電を立ち上げ、それまで電電公社（現・NTT）が市場を独占していた通信業界へ新規参入したのも、ひとえにこのような利他の精神の表れと言えます。稲盛氏は、この一大事業を行うにあたって半年間、毎晩眠りに就く前に、「動機善なりや、私心なかりしか」と自問自答を繰り返したそうです。いま、自分がやろうとしていることは、本当に社会のことを思ってのことだろうか、自分が儲けたいという私心、自分が目立ちたいという邪心がどこかにあるのではないかと、厳しく自分に問いつめ、「私心はない」と自らの良心に誓って断言できたとき、この一大事業に打って出ることを決断したのでした。

稲盛氏が敬愛する維新三傑の一人、西郷隆盛の残した言葉を集めた『南洲翁遺訓《なんしゅうおうい》《くん》』には、「平日国天下を憂うる誠心厚からずして、只《ただ》時のはずみに乗じて成し得たる事業は、決して永続せぬものぞ」（遺訓三八条より）とあります。まさしくこの言葉のとおり、私心を排し、国民のため、社会のためという利他の誠心から発した事業は、当時の新電電のなかでは最も不利な条件だったにもかかわらず、現在ではKDDIとなって、NTTに比肩する通信事業者として、発展し続けています。

もしあなたが経営者として、ある程度の成功を収めているのだとしたら、そのときにこそ、より謙虚な気持ちで過ごすことが大切です。

その成功をもたらしたのが、仮に自分の才能であったとしても、そうした才能は決して自分一人のものではないはずです。

もし自分に人とは違う、そうした才能が特別に与えられているならば、その才能を決して私利私欲に使うのではなく、会社の従業員のため、お客様のため、ひいては社会全体のために使わなくてはなりません。そして、そのためにはこれまでの成功に驕《おご》り高ぶるのではなく、もっと謙虚になって、一生懸命に努力を重ねなくてはならないのです。このような謙虚の美徳と、私利私欲ではなく利他の誠心に努めたからこそ、今日の京セラやKDDIの成功があるのかもしれません。

今後の発展に向けて職場のリーダーに経営方針を語る稲盛氏（1969年）

生き方

019

美しく崇高な魂

「この世へ何をしにきたのか」と問われたら、
私は迷いもてらいもなく、生まれたときより
少しでもましな人間になる、すなわち
わずかなりとも美しく崇高な魂をもって
死んでいくためだと答えます。

――『生き方』（サンマーク出版）

よく生きるために、よく働くこと

先にも触れましたが、稲盛氏は、この世に生まれてきた理由を「わずかなりとも美しく崇高な魂をもって死んでいくため」と述べています。

魂をより崇高なものへと高めること。すなわち心を磨くということは、あたかも専門家と思えるお坊さんにとっても並大抵のことではありません。そのためにはよほどの修行が必要でしょう。

俗世に生きる私たちにとって、修行とはまさしく「働く」ということ。これはさらに言えば、心を磨き、魂を高めることが、よく生きることであるならば、そのためには「よく働くこと」が最も大切なのだと言えるのではないでしょうか。

働くということはなにも業績を追求するだけではありません。それも確かに大切なことですが、さらに重要なことはその先にあります。それは、働くことを通じての人間性の向上であり、個々の人々の内的完成なのです。

俗世間に生きていれば、そこにはさまざまな苦楽があります。その一切合切を味わい、幸不幸の波に洗われながら、やがて寿命を全うするその日まで、一生懸命生きていく。この過程そのものを、自らの魂の磨き石と心得るのです。

この魂というものは、その人の「生き方」次第で磨かれもすれば、曇ってしまうものでもあります。いわば限りある人生をどのように過ごすかで、心は気高くもなり、卑しくもなってしまうものなのです。

それは稲盛氏自身も例外ではなく、だからこそ自らを戒める「儀式」を日課としているそうです。驕り高ぶって部下を叱った際、あるいは、調子のいいことを言ってしまったとき、自分の努力が足りなかったとき、こういったことを一日の終わりにホテルの部屋や自宅で、反省するのです。もしくは翌朝目覚めて、昨日を振り返り、洗面所の鏡に映る自分の姿に向かって、「バカモンが！」と厳しく叱りつける。自然と「神様、ごめんなさい」と反省の言葉が口をついて出てくる。

稲盛氏にとって、働くとはこうした日々の反省とセットになっているのです。これは日々、真摯に生きるということが、自らの人間性を鍛えるための修行であることをよく知っているからこそ、行える習慣だと思います。

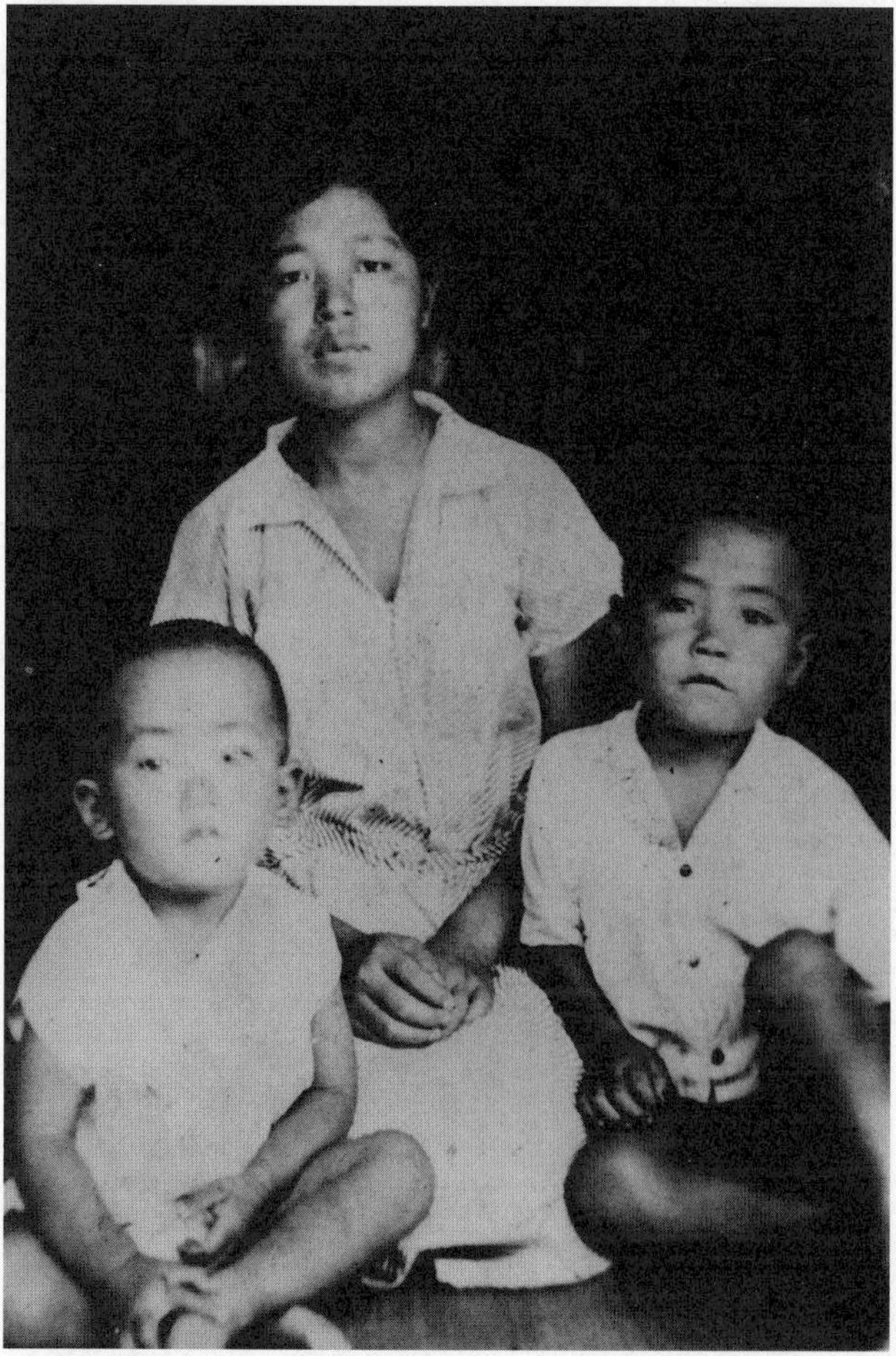

母・キミ（中央）と兄・利則（右）と

生き方

020

経営を伸ばす人生観

経営の目的は、経営者の人生観とも言い換えることができるでしょう。

――『心を高める、経営を伸ばす』（ＰＨＰ研究所）

物事の本質を見極め、正しい生き方を貫く

経営者という立場になるにあたって、人間として正しいことを貫くということをその指針とした稲盛氏。そこからわかるのは、経営の目的は、なるべく高い次元に置くべきだということです。

事業で成功するには、経営に情熱を燃やし、エネルギーを高めていかなければなりません。金銭欲や名誉欲といった欲望のたぐいは、物事を成し遂げるためのたいへん大きな原動力となり、強いエネルギーを持っていると言えますが、しかしその半面、必ず後ろめたさがついて回るもの。この後ろめたさによって、実は逆にエネルギーが押し下げられることもしばしばです。儲けたいというギラギラとした欲望だけで経営をしたとしても、一時はよいかもしれませんが、長い目で見れば決してうまくいかないものです。

人間は放っておけば、必ず心のなかに欲望が湧き起こってきます。お腹が空けば、食欲という「欲望」が湧きますし、外敵に立ち向かう際には「怒り」がこみ

上げ、嫌なことがあれば、「愚痴」をこぼします。

仏教では、この欲望、怒り、愚痴の3つを、煩悩のなかでも最も強いものと位置づけ、「三毒《さんどく》」と呼びます。人間は放っておけば必ず、この三毒が心のなかに湧き上がってくるものなのです。この煩悩を抑えるためには、煩悩をきちんと見極め、意志の力で煩悩にまみれた己に克《か》つこと、すなわち克己《こっき》が大事なのです。

京セラは、はじめは28人の従業員からなる、いわゆる中小零細企業でした。稲盛氏や従業員の努力が実り、会社は発展していき、年間の利益も5億円、10億円と膨らんでいきました。すると傲慢な心がチラと湧いてきたこともあった、と稲盛氏は述べています。

「年間10億円の利益が出るのは、全部、私の考えた技術のおかげではないか。もっと給料をもらっても罰が当たらないのではないか」。そう思った矢先、「そうではない、決して自分の能力を私物化してはならない」と自らを戒めたそうです。

自らに才能が与えられているのは世のため、人のために使うよう、神様が授けてくれたのだと思い直し、そのように考えて仕事を続けたと言います。

こうした人生観に基づいて会社を経営していると、物事の本質を見極められるようになってきます。

何かを決断したり、判断したりしなければならないとき、そこに我欲でなく大義があるかどうか、納得がいくまで自問自答する。大義を大切にすること、経営の目的だけでなく、人生の目的そのものを高いところに置いておくこと。これが人間が生きるうえで最も大切なことなのです。

フィロソフィを持つこと

021

人は仕事を通じて成長していくものです。

022

怠惰に目的意識もなく生きた人と、真剣に生きた人では、人生というドラマの展開は大きく変わってくるのです。

生き方

023

自ら望んで人生を賭けた大勝負をしていますから、仕事が楽しくて仕方がないのです。

024

人生に対する目標を持った人と、持たない人とでは、人生の後半では相当な差がついてしまうはずです。

――『生き方』（サンマーク出版）
『心を高める、経営を伸ばす』（ＰＨＰ研究所）

生き方

025

日々新たな創造をしていくような人生でなければ、人間としての進歩もないし、魅力ある人にはなれないだろうと思います。

026

今日を完全に生きれば、明日が見える。

——『生き方』(サンマーク出版)
『心を高める、経営を伸ばす』(PHP研究所)

人生にも経営にも大切なフィロソフィ（哲学）

人生をよりよく豊かにしたいと願うなら、どんな生き方を選ぶべきでしょうか。

本章で取り上げてきた稲盛氏の言葉からわかるのは、この限られた一生のなかで、一日一日を「ど真剣」に生きること、それはなにも私利私欲のためではなくもっと広く大きなもの、利他の誠心を持って、高い目標に向かって努力すること。

もし、そのような高い目的意識を持ちながら、仕事をするのであれば、その人は仕事を通して人生を豊かなものにすることができる。

もちろん生まれながらに才能を持っている人もいるでしょう。しかし、天から与えられた才の上で胡坐《あぐら》をかき、たった一回の成功だけで驕り高ぶっていれば、その成功は大した実を結びません。

才能は天からの借り物だと強く意識し、それを世のため人のために役立てる、お返しするような気持ちで、人生を生きる。

それこそが、「哲学」ではないでしょうか。

稲盛氏はしばしば経営をするにも、まず「哲学」、「フィロソフィ」がなければならないと言います。

２０１０年に経営破綻に陥った日本航空（以下、ＪＡＬ）を見事に蘇らせたのは、この「フィロソフィ」なのです。

倒産する前のＪＡＬは「日本を代表する航空会社」として、もてはやされた長い歴史がありました。知らず知らずのうちに、幹部社員たちは傲慢となり、従業員たちもただ上司に従って働くのみでした。まさしくフィロソフィのない職場です。

経営再建を託された稲盛氏は、まず幹部社員たちを集めて、リーダー教育を徹底し、意識改革をはかりました。「人間として何が正しいのか」という判断基準、すなわちフィロソフィを説いたのです。朝から晩まで必死に人間のあるべき姿を説く稲盛氏に、ＪＡＬの幹部社員たちも心を動かされていきました。

稲盛氏はさらに、お客様と直《じか》に接する現場の従業員たちにも、フィロソフィを浸透させようと語りかけました。結果、従業員一人ひとりが生き生きと働き、お客様に最高のサービスを提供する会社へと生まれ変わったのです。こうしてＪＡ

Lはわずか2年8ヵ月という早さで、再上場を果たしました。

人生にも経営にも、指針となる哲学の根本は、シンプルな原理原則でできていると、稲盛氏は言います。

次章「原理原則」では、本章で取り上げた人生の指針となる生き方、すなわち哲学の根本である、原理原則というものを見ていくことにしましょう。

『アエラ』(朝日新聞出版)に掲載された稲盛氏のポートレート(1991年)

第2章

原理原則

原理原則

027

人生や仕事を決めるもの

人格というものは「性格＋哲学」という式で表せると、私は考えています。

原理原則

028

人生・仕事の結果＝考え方×熱意×能力

――『生き方』（サンマーク出版）

原理原則

029

人生や仕事の成果は（中略）〝掛け算〟によって得られるものであり、けっして〝足し算〟ではないのです。

――『生き方』（サンマーク出版）

幸福と成功のためには哲学が重要

企業の経営に限らず、仕事においては、その人の才覚が重要になることはもちろんです。ただし、それが絶対に必要だというわけではありません。

稲盛氏は、京セラを27歳で起こしたとき、もともと技術者だった自分は経営のいろはも心得ていない、素人の経営者だったと述懐しています。それでも社員たちの生活をあずかる経営者であることに変わりはありません。社員の相談に対しては正しい判断を下さなくてはなりませんし、的確な指示を出さなくてはなりません。

経営者が判断を間違えば、会社は傾き、社員やその家族を路頭に迷わせることになってしまう。こうした暗中模索のなかから、判断の基準を「人間として正しいかどうか」に求めることを決めたと、稲盛氏は語っています。

この「人間として正しいかどうか」ということは、その人の人格と不可分のことです。

たとえば会社の経営に長《た》け、会計学にも精通する、能力に申し分のない人間がいるとします。能力は十分であるが、その人格は邪《よこしま》で、利己的、欲にまみれた人物だったとしたら？　なまじ彼は優秀であるために、巧妙に経理を操作し、不正を働くことは、ありえる話です。

能力とはこのように、その人の人間性、ひいては人格によって、よくも悪くも使われてしまうものなのです。だからこそ、私たちはこの「人格」を高めることを忘れてはいけません。稲盛氏はこの人格とは、生まれながらに持っている性格と、その後の人生を歩む過程で身につけていく哲学、この両方で成り立っていると語っています。

ここで重要なのは、人格とはすべて先天的に決まっているわけではないということです。これは人生・仕事の結果においても同様です。

稲盛氏は人生・仕事の結果は、考え方と熱意と能力をかけ算したものだと説きます。能力とは先天的な資質に左右されるもの。

熱意とは、事を為そうと努力する情熱のことを指しています。これは自分の意志に基づく、後天的な要素です。いずれも0点から100点まで、点数で表されます。

しかし、最も大事なのが「考え方」なのです。この考え方とは、心のあり方や生きる姿勢、すなわち哲学のことを指しています。才能や熱意は0から100点ですが、考え方はプラス100からマイナス100点まで幅があるのです。

しかも、これはあくまでもかけ算です。たとえ、才能や熱意がそれぞれ大きくとも、哲学がマイナスならば、その人の人生は、決して幸福なものではありえません。

いくら才能に恵まれ、仕事を成功に導くための熱意に溢れていたとしても、この考え方が邪なものであったら、不幸を招く結果となるのです。

原理原則

030

宇宙の法則

人生は心に描いたとおりになる、
強く思ったことが現象となって現れてくる
――まずはこの「宇宙の法則」をしっかりと
心に刻みつけてほしいのです。

――『生き方』（サンマーク出版）

強い思いが人生をつくる

人生を好転させ、仕事を成功に導く法則とは何か。前節では「考え方」というものが極めて重要であることを述べました。この考え方、もっと言えば心に思い描いたこと、強く思い続けたことが現実になるということです。

第1章でも「人間はその思考を実現することができる」と説明しましたが、このよい例が、稲盛氏がＪＡＬの社員に贈った次の言葉にも表れています。

すなわち、

新しき計画の成就は只《ただ》不屈不撓《ふとう》の一心にあり。さらばひたむきに、只想え、気高く、強く、一筋に

この言葉は、２０１０年2月、稲盛氏が倒産したＪＡＬの経営再建を任されて会長に就任した際、ＪＡＬの社員たちに訴えたもので、もともとは積極思想を説

いた思想家・中村天風の言葉です。

強く思い願うことが、現実を変えていく。

稲盛氏はこの言葉に、ＪＡＬの再建に取り組んだすべてが集約されているとも述べています。

周囲からは晩節を汚すだけだと忠告する声や、航空業界の素人に再建は無理だと揶揄《やゆ》する声もあったことでしょう。

しかし、なんの勝算もないなかで、稲盛氏はこのような純粋で強い「思い」だけを抱いて、一心にＪＡＬを再建へと導いていきました。

この強い思いが、それまで倒産の憂き目に遭い、士気の落ちていたＪＡＬの社員たちに通じ、誰もが達成不可能だと思われた事業再生計画を実現することができたのです。

さらに稲盛氏は、「宇宙には、すべてをよくしていこう、進化発展させていこうという力の流れが存在しています。それは、宇宙の意志といってもよいものです」（『生き方』サンマーク出版より）とも述べています。またそれがＪＡＬの再生においても働いたと言います。宇宙にはこのような原理原則があるということを、稲盛氏は次のように解説しています。

たとえば宇宙は、ごく小さな、一握りの高温高圧の素粒子のかたまりが大爆発を起こしたことによって始まったというビッグバン理論があります。

この原初の大爆発によって素粒子同士が結合し、原子核を構成する陽子や中性子、中間子を作りました。さらにこの3つが結合することで、最初の原子核を作りました。これに電子がつかまることで、一番小さな原子である水素原子が誕生します。

その後、さまざまな原子や分子が生まれ、高分子ができあがり、結果、われわれ人類のような高等生物までもが生み出されることとなったのです。

こうした宇宙の誕生とその進化の過程を見ていくと、なんらかの意志がそこに働いているのではないか、そのような意志によってこうした原子や分子のような法則が生み出され、法則の組み合わせが、この世をつくり出しているのではないかと思えてきます。

原理原則

031

継続は力なり

継続と反復は違います。

——『生き方』(サンマーク出版)

蟻の一歩でも前進を

この世には生まれながらにして才能に優劣が決められている、という厳しい現実が存在します。では平凡な人間は決して非凡な人間になることはできないのでしょうか。答えは否です。日々の積み重ね次第で、平凡な人間も非凡な人間になることができます。

才能のあるなしで言えば、才能はあるに越したことはないと考えるのが普通でしょう。企業にとっては才気溢れる人材がたくさん入ってくれれば、その分、比例して業績が上がり、会社は大きくなるはずだと考えます。京セラがまだ中小企業だった頃、稲盛氏も、優秀な人材がたくさん集まっている他所《よそ》の企業をうらやましく感じたことがあったと述懐しています。

稲盛氏も当初は、才気溢れる人が入社すると過大な期待をかけたそうです。それに比べ、やや鈍な人間はないがしろにしたこともあったと告白しています。ですが、稲盛氏の期待は何度も裏切られることになりました。才能のある人間ほど、自分の才能に溺れ、驕り高ぶり、他の従業員を見下すような態度が目立つようになりました。結果、社内の雰囲気も悪くなる。また才能がある分、物事の判断も早く、見切りをつけるのも早かった。他社から好条件を提案されたら、簡単に乗ってしまい、退職して別の会社に移りました。「才子、才に溺れる」という言葉もありますが、才に任せて地道な努力を怠り人生を悪い方向に傾かせてしまうこともしばしばです。

それに比べて、鈍でも人間性のよい人は、たとえきつい仕事であっても、黙々と、懸命に取り組んでくれたそうです。しかも、この期間を経て、見事に自分の能力を伸ばし、仕事ができる素晴らしい人材に成長することが多かったと稲盛氏は述懐しています。

平凡な人材を非凡に変えるものとは、やはり日々の積み重ねなのです。その日その日を懸命に生き、こうした一日が幾重にも積み重なっていくこと。この継続こそが、その人の能力を育て、成長させるのです。「継続は力なり」と言いますが、まさにそのとおりです。

ここで気をつけなければならないのは、継続が大切だといっても、毎日をなんの反省もなく、ただ同じことをやって過ごしていてはなんの意味もありません。継続とは、同じことの繰り返し、すなわち反復とは異なります。昨日よりも今日、今日よりも明日、明日よりも明後日と、わずかでも改良点や改善点を見つけ出し、つけ加えていく。常に創意工夫と、よりよくしようという心がけを忘れないこと。それが蟻の一歩であろうとも、前進は前進です。積み重なれば大きな差となります。

このように、通い慣れた同じ道を歩まずに、創意工夫を重ねながら継続することこそが成功への近道なのです。

原理原則

032

人として正しいかどうか

人生も経営もその根本の原理原則は同じで、しごくシンプルなものなのです。

原理原則

033

判断を積み重ねた結果がいまの人生であり、
これからどのような選択をしていくかが
今後の人生を決めていくのです。

――『生き方』（サンマーク出版）

原理原則

034

原理原則に基づいた哲学を
しっかりと定めて、それに沿って
生きることは、物事を成功へと導き、
人生に大きな実りをもたらします。

――『生き方』(サンマーク出版)

人生を貫く原理原則とは

稲盛氏は27歳で京セラを起こしたとき、それまではセラミックスの技術者であったものの、会社経営に関しては知識も経験もなく、まったくの素人同然だったそうです。

しかし、経営者となったからには、ただ技術者として研究・開発に努めるだけでなく、従業員の生活、ひいてはその家族の人生にまで責任を負い、会社を経営していかなくてはなりません。

重責が稲盛氏の両肩にのしかかり、とんでもないことを始めてしまったと、思い悩む毎日を送っていました。

会社にはさまざまな問題が起こります。製造ラインのトラブルや、他社との競合、顧客との関係……あらゆる場面で起こる問題の対策や解決策は、最終的には経営者の判断にゆだねられる。たとえ、自分が精通していない営業や経理のことであっても、すみやかに決断を下さねばならない。しかも経営者の判断ひとつで、会社は大きくもなれば、傾きもします。

一介の技術者だった稲盛氏にとって、会社経営とは未知の領域でした。経営にかかわる知識もなく、そもそも判断を下すための材料がない。そのうえ、経験がないということは、判断を下すためのモデルとなる前例も自分のなかにはない。

このような状態で、自分はいったい何を指針に、経営をすべきか。長い懊悩《おうのう》の末に稲盛氏が導き出したのが極めてシンプルな「原理原則」でした。すなわち、「人間として何が正しいのか」ということです。嘘をつくな、正直者であれ、欲張ってはいけない、人に迷惑をかけてはいけない、人に親切であれ、といった実に当たり前の、人として最低限のルールに照らし合わせて、経営を行っていく。このような単純な倫理観を判断基準にしようとしたのです。

その決意の奥には、たとえ会社の経営者でなかったとしても、人は常に、人生のさまざまな場面において、選択と決断を求められているのだという認識があります。私たちは実際に、自ら判断し、そのつど、決断を下してきたはずです。日々の選択と決断が、その人の人生をつくってきたと言っても過言ではありません。

そうやって物事を見ていくと人生も経営も同じことなのです。

人生も経営も、選択と決断を迫られるときに、確かな原理原則に基づいて実際に判断を下すことができているかどうかで、その人の人生や、会社のあり方はまるで違ってくると言えるでしょう。

原理原則がシンプルであるからこそ、道に迷ったとき、判断に困ったときに、そのつど、立ち返る原点となりうるのです。

原理原則

035

人の運命は変えられる

運命と因果律。その二つの大きな原理が
だれの人生をも支配している。
運命を縦糸、因果応報の法則を横糸として、
私たちの人生という布は織られているわけです。

――『生き方』（サンマーク出版）

運命と立命

人生、ひいてはこの世には、極めてシンプルな原理原則が存在する。まるで自然界の現象を表す美しい数学の方程式のように、それは確固として存在する法則である。こうしたなんらかの目に見えない法則が、人生には2つある、と稲盛氏は言います。

まずは人生とは、私たちが生まれたときから死ぬまでのあいだに、どのような道を辿っていくのか、あらかじめ決められている。私たち生きとし生けるものが生まれながらに背負っているもの、運命というものがあるのではないか。

しかし、仮にこの運命を縦糸とするならば、私たちの人生は縦糸だけでできているわけではない。この運命という名の縦糸に翻弄されながら、さまざまなことに私たちは遭遇するでしょう。そのつど、私たちは私たちなりに決断と選択を迫られます。そのときに、善いことを思い、善いことを為すならば、善い結果を導き出すことができる。逆に悪いことを思い、悪いことをすれば、悪い結果が生まれる。運命とは別に、自らの行いや思っていることが招き寄せてしまう現実というものがある。こうした原因と結果の関係、すなわち因果の法則が、運命という縦糸とは別個に、横糸として存在している。私たちの人生というものは、運命という縦糸と、因果の法則という横糸で織られた布によってかたちづくられているのではないか、と稲盛氏は考えます。

運命と因果の法則という2つの法則によって人生が成り立っていることをわかりやすく説明したものに、陽明学者・思想家の安岡正篤《まさひろ》氏の著書『運命と立命』があります。安岡氏は同書で、中国の古典『陰騭録《いんしつろく》』を「立命の書」として解説しています。『陰騭録』を著した袁了凡《えんりょうぼん》は幼い頃、易を極めた老人に自らの運命を知らされます。それは科挙の試験を受けて高級官僚として出世し、若くして地方の長官となる、結婚はするが子供には恵まれず、53歳で天寿を全うする、というものでした。袁了凡はその後、この老人が言ったとおりの人生を送ることになり、これを自分の運命として受け入れるようになりました。老人の「予言」のごとく、袁了凡は地方の長官に任ぜられ、雲谷禅師という有名な禅の老師と出会います。雲谷禅師は見事な坐禅を組む袁了凡を認め、「いったいどこで修行をしたのか」と問います。袁了凡は特別な修行はしていないが、かつて老人から自らの運命を説かれたことを、告白します。「老人の言ったとおりに科挙に受かり長官となり、地方に赴任した。結婚をしたけれどもいまだに子供はない。きっと運命のとおりに53歳で天寿がくるだろう。だからこそ、希望や野心など持たずに、淡々と人生を全うしていこうと思う」と語ったところ、雲谷禅師は「あなたはなんと、大バカ者なのか。人間にはそれぞれ決まった運命があるが、その運命のままに生きるバカがいますか。運命は変えられるのです。運命とは別に因果の法則というものがある。それは善いことを思い、善いことを行えば、運命は善き方向へと変わっていく。逆も然りなのだ」と諭したのです。その後、袁了凡は善行に努め、老人の語った運命に打ち克ち、息子が生まれ、天寿とされた53歳を超えて、70歳を過ぎても元気だったそうです。

あらかじめ決められた運命を、自らの行いや思想を正すことで、乗り越えることができる。だからこそ、私たちの人生をかたちづくる縦糸と横糸の存在をきちんと理解しておくことが大事なのです。

原理原則 036

リーダーの資質

リーダーの行為、態度、姿勢は、
それが善であれ、悪であれ、
本人一人にとどまらず、
集団全体に野火のように
拡散することを胸に刻むべきです。

原理原則

037

リーダーは、自己犠牲を払う勇気を持っていなければなりません。

――『心を高める、経営を伸ばす』（PHP研究所）

原理原則

038

集団のマジョリティが働きやすいと感じる環境を、リーダーが自己犠牲を払って築いてこそ、部下の信頼と尊敬、職場の協調と規律、そして発展が得られるのです。

原理原則

039

判断をするということは、
問題を自分の中の〝ものさし〟と
照らし合わせて決めるということです。

――『心を高める、経営を伸ばす』（ＰＨＰ研究所）

使命感と徳を持つリーダー

リーダーにふさわしい人間の資質、ひいては理想のリーダーとはいったいどんなものでしょうか。稲盛氏は、アメリカ西部開拓時代の幌《ほろ》馬車隊の話から、あるべきリーダー像について語っています。当時の幌馬車隊は、未踏の大地を開拓していくわけですから、たいへんな困難と障害が、その眼前に待ち構えていました。その幌馬車隊の運命を握るのが、リーダーである隊長であり、卓越したリーダーシップを発揮できる隊長がいる幌馬車隊のみが、目的地に到達することができたのです。これは今日の先行き不透明な、不安の時代、一企業を率いる経営者などの現代のリーダーたちにとっても、本質的には同じことです。

稲盛氏は、この西部開拓時代の幌馬車隊に学び、リーダーの条件としてまず第一に「使命感を持つ」ことを挙げます。西部開拓時代では、人々はその根底に「豊かになりたい」という強烈な願望がありました。現代のビジネスの世界においても同様に、企業経営者をはじめとする集団のリーダーとは強烈な願望を持った存在であるべきでしょう。しかし、最も大切なことは単に私利私欲に満ちた、強い欲望の持ち主であってはならないということです。もしそうであれば、人々の協力は決して得られません。各々の欲望に従ってしまえば、集団はまとまって行動することもできないでしょう。「自分たちは、この崇高な目的のために働く」という大義名分、いわば「使命」がなければ、多くの人々の力を結集して、その持てる力を最大限に発揮させることはできないのです。

京セラでは「全従業員の物心両面の幸福を追求すると同時に、人類、社会の進歩発展に貢献すること」が経営理念として掲げられていますが、これがまさしく「使命感を持つ」ということなのです。私利私欲を排した経営理念に京セラの従業員たちは、心から共鳴し、一致団結して、会社発展のために身を粉にして、尽くしてくれたと稲盛氏は語ります。このような公明正大な目的、使命があるからこそ、リーダーである稲盛氏自身も、自らを奮い立たせ、また部下を叱咤激励し、事業に邁進《まいしん》することができたのです。すなわち、リーダーには、このような非常に公明正大な目的・使命に基づいて行動できるようなモラルのある人間であることが求められていると言えるでしょう。

それではリーダーにこうしたモラルが欠けていたらどうなるでしょうか。

リーダーのモラルの低下が、組織に甚大な影響を与えることを、過去の先人たちも述べています。たとえば、11世紀の北宋時代の詩人・蘇軾《そしょく》の父にして大学者である蘇洵《そじゅん》は、「一国は一人をもって興り、一人をもって亡ぶ」という言葉を残しています。数ある国々の栄枯盛衰が、人類の歴史であるならば、それは同時にリーダーの歴史と言っても過言ではありません。リーダーに求められる資質、という点では、明代の思想家・呂新吾《りょしんご》が、30年の歳月を費やして書き上げた晩年の大著『呻吟語《しんぎんご》』が参考になります。呂新吾もまた、「政治がうまくゆくか否かは上に立つ者の姿勢にある」と、リーダーの資質を問うています。そして、「深沈厚重なるは、これ第一等の資質」と述べ、リーダーとして一番に大切なのは、常に深く物事を考える重厚な性格を持っていることだと説明しています。

これに対して、「聡明才弁なるは、これ第三等の資質」と言います。すなわち、「頭がよくて才能があり、弁舌が立つこと」は、一番ではなく三番目に重要なものでしかない、ということです。呂新吾が生きた明代は、辺境の情勢の不安から、内政の混乱を招いていました。呂新吾はこの問題について、お上に進言をしますが、役人は一笑に付して聞き入れませんでした。このような体験から、どんなに優秀な人材が集まる集団であってもそれを動かすリーダーの資質が悪ければ、意味がないことを悟ったのです。稲盛氏は2004年に中国共産党中央党校での講演でこの呂新吾の話を取り上げて次のように語りました。

「私は、現在、日本をはじめ、多くの社会が荒廃している原因は、このように第三等の資質しか持っていない人材を、各界のリーダーとして登用しているからだと思っています。よりよい社会を築いていくためには、呂新吾が述べているように第一等の資質を持った人、つまり、素晴らしい人格者を各界のリーダーに選ぶことが大切ではないかと思うのです」

素晴らしい人格に基づいた組織運営とは、徳に基づく組織運営であり、幌馬車隊の例を見てもわかるとおり、私利私欲ではなくより崇高な目的を据えることによって成り立ちます。リーダーは率先して使命感に裏打ちされた、徳のある行動をとることによって、組織全体のモラルを向上させることができます。部下たちもそうしたリーダーを範として、この人にだったらついていこう、と思うのではないでしょうか。

原理原則

040

大義と成功

大義と志は同じものではありません。志は個人的な目標をも含みますが、大義というのは、利己ではなく、自分を離れたところに大きな意義を置くということです。

――『稲盛和夫の哲学』(ＰＨＰ研究所)

利他の精神が不可能を可能にする

稲盛氏は、ＪＡＬの経営再建の要請を引き受けた際、３つの大義があったと述べています。

１つは日本経済への影響です。ＪＡＬは、衰退を続ける日本の経済そのものを象徴しているような企業であると稲盛氏は考えました。そのＪＡＬの再建が失敗に終われば、日本経済への影響とともに、日本国民の自信の喪失にもつながるのではないかという危惧があったと言います。

２つめには、ＪＡＬに残された社員の雇用を守ること。

・再建成功のため、稲盛氏の就任前、すでに大規模なリストラも実施していましたが、残った社員の雇用はなんとしても守らなければならないと考えました。

そして、３つめには、利用者である国民の利便性を確保するためでした。

ＪＡＬが破綻するということは、日本国内の空の足が一社のみになってしまう。競合する企業がいなくなるということは、その分、運賃は高止まりし、結果、サービスの悪化につながる恐れがあったからです。

こうした大義があったからこそ、稲盛氏は未経験の航空業界に飛び込み、不可能と言われた経営再建を成し遂げたのでした。利己の精神でなく、利他の精神、人々のためになんとかしなくてはならないという使命感が不可能を可能にしたのです。

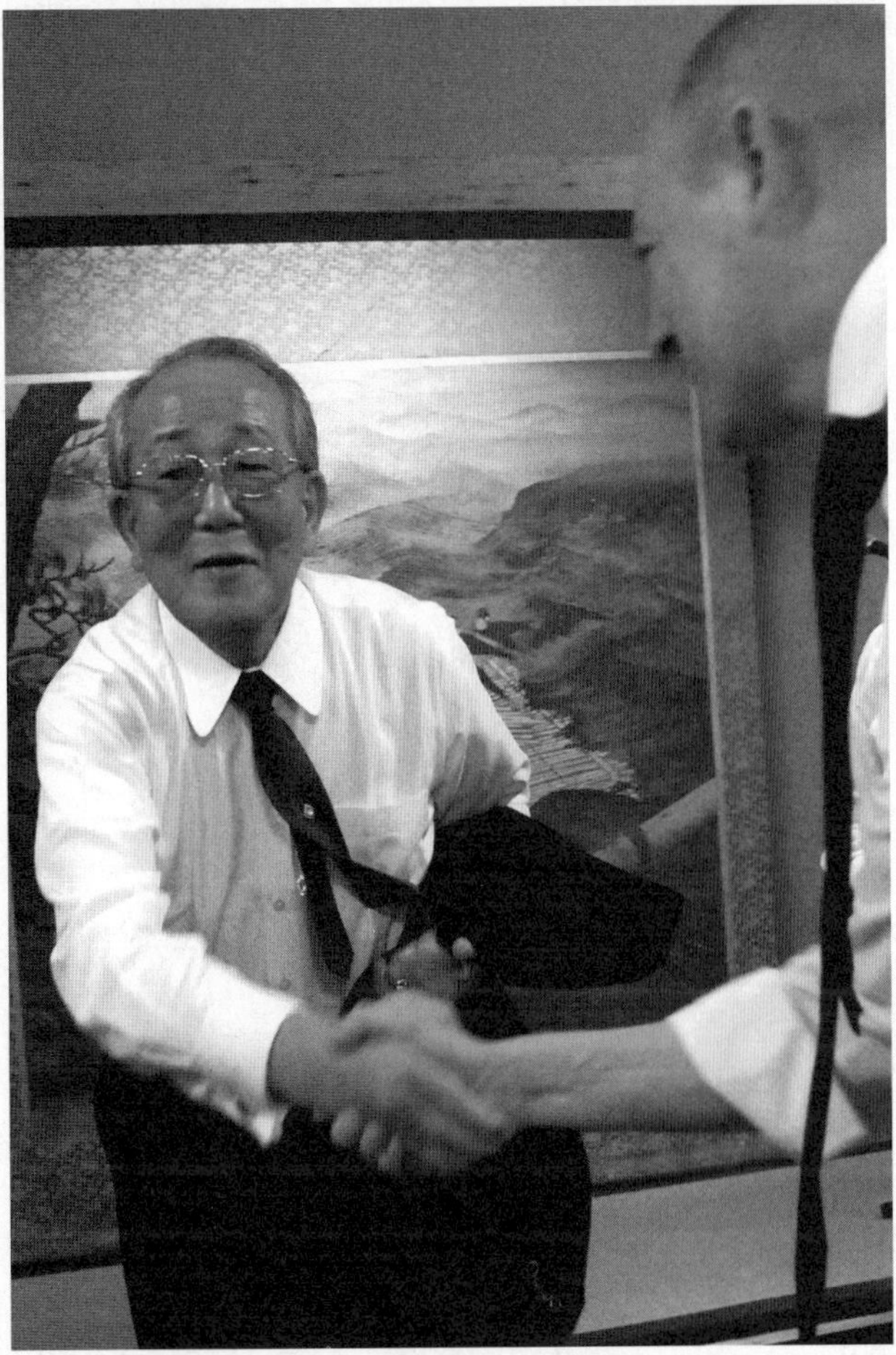

全世界から幹部が集まる京セラ国際会議にて（2011年）

原理原則 041

リーダーと集団の関係

集団、それはリーダーを映す鏡なのです。

——『心を高める、経営を伸ばす』（PHP研究所）

リーダーの態度

アメリカ西部開拓時代の幌馬車隊の話に基づいて、稲盛氏がリーダーの要件として、まず第一に、「使命感を持つ」ということを挙げていることを説明しました。稲盛氏はこれに加えて、「目標を明確に描き、実現する」「新しいことに挑戦する」「信頼と尊敬を集める」「思いやりの心を持つ」という4つを加えてリーダーに必要な5つの要件として語っています。

「使命感を持つ」とは「自分たちは、この崇高な目的のために働く」という大義名分を持つ、ということです。このような使命感がなくては、多くの人々の力を結集し、最大限に活かすことはできません。集団を運営する者として必須の要件であると言えます。

第二に「目標を明確に描き、実現する」ということは、険しい道を辿りながらも、目的地を見失わずに幌馬車隊を導いたリーダーのように、ビジネスリーダーにとっても、目標を明確にして、いかなる困難があろうともそれを達成していくことが求められています。集団の全員が納得できる具体的な目標を設定し、集団全員が心から共有できるようにすること、そして、一番に熱意を持って妥協せずにその目標に取り組むのが、リーダーなのです。

第三に「新しいことに挑戦する」こと。これはまさしく未踏の地を目指した幌馬車隊のようなフロンティア精神を常に持ち続けることです。すなわち、組織とは、創造的な活動を繰り返すことによってのみ、成長を続けることができるのです。

第四に、優れたリーダーとは「信頼と尊敬を集める」ことができる者だということ。幌馬車隊の隊長は、隊の統率をはかり、食料や水の確保と分配を、諍《いさか》いなくしなければなりません。集団の融和をはかるためには、なによりもリーダー自身が立派な資質の持ち主であることが求められます。どんなに敏腕な人間でも、人から信頼や尊敬されることがなければ、リーダーには不向きなのです。

そして第五に「思いやりの心を持つ」こと。強いリーダーシップを発揮しなければならないリーダーだからこそ、根底には優しい思いやりの心が必要です。深い愛情があるからこそ、ときに厳しく部下を叱り、ときに一緒になって大喜びすることができるのです。集団・組織のことを一番に考え、思いやることができる人間にこそ、リーダーはふさわしいと言えるでしょう。

こうしたリーダーの行為や態度、姿勢は、それが善かれ悪しかれ、リーダー本人だけに留《とど》まるものではありません。それは、集団全体に広がっていき、ひいては組織全体にまで波及していくものなのです。だからこそ、問われるのはリーダーの人格、人間性なのではないでしょうか。

原理原則

042

自然の摂理

存在する以上、
宇宙を構成するために必要なもの、
あるいは必然として存在しているのです。

——『稲盛和夫の哲学』(PHP研究所)

一生懸命に生きていないものはない

稲盛氏はこの宇宙にあまねく存在するものは、宇宙それ自体を成り立たせるために必然的に存在しているのだ、と語っています。それは人間に限られることではありません。道ばたに生えている一本の雑草でさえ、その生は宇宙全体にとって必然なのです。雑草は宇宙全体を支えるようにして、懸命に自らの生を生きていると言えるのではないでしょうか。

稲盛氏は、春先に家の近所を散歩しているとき、石垣の隙間に生える雑草がふと目に入ったそうです。石と石の間のわずかな土に、雑草が精一杯、春の息吹を吸い込んで芽を出していました。雑草はそのうち花を咲かせて、実を結ぶことでしょう。太陽の光の恵みを得て、花を咲かせて実をつけ、子孫を残す準備をして枯れていく。これが植物の生涯です。

こうした道ばたの雑草たちは、お互いに競い合うようにして、少しでも太陽の光を浴びようと、背伸びをして生きています。他の雑草よりも太陽の光をたくさん浴び、光合成をしてもっと大きくなりたいと一生懸命にもがいているのです。ですから放っておけば、たちまちに道ばたの雑草は、競い合ってすぐに深い草むらへと変わってしまうのです。雑草たちは決して相手を打ち負かすために一生懸命に生きているわけではありません。あくまでも自分自身が生きていくことに一生懸命になるように、つくられているのです。これは植物であれ、動物であれ、自然のものはすべからくそうなのではないでしょうか。必死に一生懸命に生きていかなければ、生存することができない。これこそが自然界の掟なのだと、稲盛氏は言います。

稲盛氏は、「誰にも負けない努力をする」ということをモットーにしています。誰にも負けない努力をするというのは、一生懸命に努力をすることにほかなりません。

これは、雑草の例に見るように、自然界では当たり前の掟なのです。動物も植物も、命のある限り、精一杯、一生懸命に生きていないものはいません。自然界ではあらゆる存在が一生懸命に生きています。

ところが人間になると、「誰にも負けない努力をする」「一生懸命に生きる」と聞くと、何か特別なことのように感じられます。それをできる人間はごく限られた、特別な才能を与えられた者だけだ、としばしば考えてしまいがちです。

しかし、自然の摂理に目を凝らすならば、それは決して特別なことではないのです。普通の人生を送るにしても、一生懸命に生きなければならない。これこそが自然の摂理なのです。

京セラは創業時、とにかく一生懸命に、誰にも負けない努力をしていかなければ生き残っていくことはできないという思いから、朝早くから深夜に至るまで、必死に社員一同が努力をした結果、今日まで成長を遂げてきました。稲盛氏は自然の摂理に照らして、それは「特別なことではなかった」と述懐しています。

一生懸命に生きるということは人生においても、あくまでも当たり前のこと。当たり前のことを当たり前のようにやったからこそ、今日の京セラがあるのだと、稲盛氏は語っています。

原理原則

確かな目的と継続

043

経営の目的をどこに置くかということが重要です。私はなるべく次元の高いものであるべきだと思っています。

044

「反省」は一度すればいいというものではありません。繰り返し行うことが不可欠です。

原理原則

045

この世に生まれ、存在していることは必然であり、存在するだけで価値があるのです。

046

「必然的に生まれた」と捉えることによって、生きる意義、意欲、使命というようなものが出てくる。

――『心を高める、経営を伸ばす』『稲盛和夫の哲学』（ＰＨＰ研究所）『「成功」と「失敗」の法則』（致知出版社）

原理原則

047

われわれは「運命」を変えることができる、
この「因果応報の法則」をもっと有効に
使うべきだと私は考えています。

――『稲盛和夫の哲学』（ＰＨＰ研究所）

運命を変えるための法則

本章では、仕事や経営など人間の営みに限らず、人生自体、ひいては宇宙全体には必然的に原理原則があることを説明してきました。こうした原理原則は、運命のようにあらかじめ決められた法則のようなものでもありますが、それは必ずしも必然というわけではなく、因果（応報）の法則によって変えることができるのです。しかし、因果の法則は1＋1＝2というふうに、合理的にすぐに結果が出てくるものではありません。だからこそ、日々の積み重ねが大切になってきます。

ではなぜ善きことを行えば運命を変えられるのでしょうか。

それは因果の法則自体が、宇宙の摂理に適《かな》っているからこそ、人間の運命を変える力を持っていると言っても過言ではありません。稲盛氏は素粒子から高等生命体へと進化していく宇宙生成の過程を辿りながら、そこには宇宙の意志が働いており、それは「善意」によるものであると言います。宇宙には人間をはじめとする生物から無生物に至る一切のものを「善き方向」へと導こうという意志があるのだ、と言うのです。だからこそ、善いことを行えば、善いことが起こるという因果の法則が成り立つのです。

第3章

考え方

考え方

048

見えるまで考え抜く

実現の射程内に呼び寄せられるのは自分の心が求めたものだけであり、まず思わなければ、かなうはずのこともかなわない。

考え方

049

漠然と「そうできればいいな」と思う
生半可なレベルではなく、強烈な願望として、
寝ても覚めても四六時中そのことを思いつづけ、
考え抜く。頭のてっぺんからつま先まで
全身をその思いでいっぱいにして、
切れば血の代わりに「思い」が流れる。

――『生き方』(サンマーク出版)

考え方

050

何かをなそうとするとき(中略)、「見えるまで考え抜く」、つまり思いの強さを持続することが必要になってくるのです。

——『生き方』(サンマーク出版)

具体的にイメージすること

第2章では「人生・仕事の結果＝考え方×熱意×能力」という原理原則があること、また特に「考え方」が重要であることを紹介しました。その人の行いだけでなく、どんなことを考えているのか、思っているのか。内面そのもの、思考そのものが現実となる。逆に言えば、今あなたが生きている現実は、あなた自身の思い、考え方によってかたちづくられたのです。

本章ではこうした「考え方」について、見ていきましょう。

〇〇になりたい。××を成し遂げたい。私たちは漠然となんらかの願望を抱くことがあると思います。しかし、その多くが「だったらいいな」程度のささやかな夢に終わることがしばしばです。本当にその夢を実現したいとき、まず為すべきこととは何か。それは自らが実現したいことやものをその隅々まで、具体的にイメージすることです。徹頭徹尾、考え抜くことが重要なのです。

稲盛氏は、京セラの経営を軌道に乗せたのち、ＮＴＴ（旧・電電公社）が実質的に独占していた通信事業に新規参入しました。当時のあまりにも高い日本の通信料を改善し、国民の利に適うためという大きな義があったと稲盛氏は述懐しています。

1984年にDDI（第二電電）を創業し、その後2000年にはKDDやIDOと合併し、NTTに次ぐ国内第2位、世界でも十指に入るほどの総合電気通信会社KDDIが誕生しました。

稲盛氏は、いずれ「いつでも、どこでも、誰とでも」携帯電話でコミュニケーションをとる時代が必ず訪れるということを見通し、携帯電話事業を始めたと言います。当時の稲盛氏には、老若男女にかかわらず、国民の一人ひとりが携帯電話を持ち、それぞれに電話番号が与えられるような時代が来ることが、ありありと見えていたのです。

しかもそれはただイメージするだけでなく、携帯電話がどんな可能性を秘めた製品で、どのように普及していくのか、どのくらいの値段や大きさで市場に流通していくのか、具体的に見えていました。

具体的に「見える」というのは、自分で好き勝手にイメージするということではありません。当時、京セラで手がけていた半導体部品の事業を通じて、稲盛氏は半導体の技術革新の速度や、サイズ、コストの変遷などかなり具体的な経験知があったことで、精度の高い予想ができたのです。

そのうえで、携帯電話の価格や契約料、通話料、月額の基本料金など、将来の料金設定をも具体的に描くことができたというから驚きです。

このように、強く「思い」描くこと、「見えるまで考え抜く」ということは、漠然としたイメージを思い描くのではなく、あくまでも具体的に隅々までその全貌を思い描くことなのです。

051

考える心と現実

否定的なことを考える心が、
否定的な現実を引き寄せたのだ。

――『生き方』（サンマーク出版）

人生は考え方次第

この世には運命とは別に因果（応報）の法則がある。それは自分が何を思い、何を為したかによって、善いことも悪いことも引き寄せてしまう法則であり、ひいては運命をも変える力を持っている、ということを前章の「原理原則」では説明しました。

稲盛氏がこの因果の法則、すなわち自分の思いや考えが、現実をかたちづくるという極めてシンプルな真理に思い至ったのは、結核という、当時は不治の病とされる病気を経験したときだったと語っています。

国民学校高等科への進学が決まった年の暮れ、稲盛氏は、当時の満州（中国東北部）から一時帰国して、稲盛家に滞在した叔父・兼一さんと夜、枕を並べて寝ていたところ、シラミをもらったらしく発熱で寝込んでしまいます。稲盛氏のお母さんは結核ではないかと心配し、病院に連れて行ったところ、診断は結核の初期症状である肺浸潤でした。

稲盛氏のお父さんには三人の弟がいましたが、稲盛家の離れに住んでいたすぐ下の弟夫婦はともに結核で亡くなっていました。さらに末弟もその頃、喀血《かっけつ》をして療養中だったのです。不治の病と呼ばれた病気ですから、たいへん当時の人々には恐れられ、稲盛家は次々に結核の病人が出たことから「稲盛さんのところは結核の巣」とまで陰でささやかれたほどだったそうです。そのため、稲盛氏のお母さんも真っ先に結核を疑ったのでした。療養中のある日、いつものように稲盛氏が陽の当たる縁側にふとんを敷いて寝ていると、隣の家の奥さんが庭向こうの生け垣越しに「和夫ちゃん、気分はどう?」と声をかけてくれました。

当時、隣家にはバスの運転手夫婦が住んでいたそうです。年若くして病気で臥《ふ》せっている稲盛氏を不憫《ふびん》に感じたのか、奥さんは1冊の本を貸してくれました。それは「生長の家」の創始者である谷口雅春氏の『生命の実相』でした。隣家の夫婦は、「生長の家」の信者だったのです。初めて読む宗教書でしたが、「一字一句が、乾いた土に水がしみ込んでいくように、すーっと腑《ふ》に落ちていった」(『ごてやん』小学館より)と稲盛氏は述懐しています。

そして、同書に記された「われわれの心のうちには災難を引き寄せる磁石がある。病気になったのは病気を引き寄せる弱い心をもっているからだ」という一節を見いだし、まさに自分の病気もそうではないか、と思い至ったのです。叔父が結核にかかり、離れで療養していたとき、稲盛氏は感染を恐れて、彼が寝ている部屋の前を通る際には鼻をつまんで走り抜けていたのでした。しかし、父や兄は、そんなに簡単にうつるものかと平然としていました。

そうした父や兄は、なんともなかったのに、病を忌み嫌い叔父を避けていた自分だけが、結核になってしまった。避けよう、逃げようとする心、病気を嫌う弱い心が病気そのものを招き寄せてしまったのだ、と稲盛氏は思い知らされたと語っています。

自分の考えることとひとつで、この現実というものはいくらでも変わってしまう。それは本節で挙げた言葉にあるとおり、まさしく否定的な考えが、そのまま否定的な現実をかたちづくってしまうのです。稲盛氏の病気体験は、そのことを如実に物語っています。その意味で、もしあなたが人生を好転させたいと思うならば、まず考え方を変えるよう努力すべきなのではないでしょうか。

考え方
052

意志が運命に打ち克つ

私は人間の運命はけっして敷かれたレールを行くかのように決定されているものではなく、自分の意志でよくも悪くもできるのだということを確信するようになりました。

――『生き方』（サンマーク出版）

人生を変える意志の力

自分の考え方次第で、運命を変えることができる。そのことは稲盛氏の半生が証明しています。

結核は幸いにして治癒しましたが、以後も挫折や失敗の連続だったと述懐しています。大阪大学の医学部を受験したものの、失敗。試験が遅かった地元の鹿児島大学工学部応用化学科に入り、有機化学を専攻します。卒業する頃には運悪くも、朝鮮戦争での特需が一段落した不景気の最中でした。縁故もない稲盛氏はなかなか就職が決まらず、「世の中はどうしてこんなに不公平なんだ。どうせまともな職に就けないなら、いっそのことインテリヤクザにでもなってやろうか」(『稲盛和夫のガキの自叙伝』日本経済新聞出版社より)とすねた気持ちで日々を過ごしていました。

なんとか大学教授の紹介で、先にも紹介した松風工業に入れてもらえることになりました。しかし、松風工業は碍子メーカーなので、分野で言えば無機化学になります。松風工業も磁器関係を研究する学生が欲しいとのことで、稲盛氏はあわてて無機化学の教授のもとを訪ね、半年で粘土に関する卒業論文をまとめました。

ところが入社した会社は、給料の遅配は当たり前。明日潰れてもおかしくないような状態で、同期入社の仲間たちは次々と会社を去っていきました。ついに自分一人となり、進退窮まった稲盛氏は、このとき初めて、ただ自分のついていない人生を嘆くのではなく、気持ちを180度切り替えて、目の前にある仕事に向き合おうと誓います。

前述したように、鍋釜のたぐいを研究室に持ち込んで、ほとんど泊まり込みのようにして稲盛氏は実験を続けたのです。この心境の変化が、如実に仕事に反映されていきました。次々によい結果が出て、社内での評価もよくなります。そうなってくると、仕事をすることが楽しくなり、ますます熱中するようになりました。

このときの稲盛氏の研究が、フォルステライトという新しいセラミック材料の合成に成功するという成果に結びついたのです。当時では日本初、世界で2番目の快挙でした。この研究成果が、普及しはじめていたテレビのブラウン管の電子銃に使用する絶縁部品U字ケルシマに使われることになり、やがて大量の注文を得ることになるのです。

当時を振り返って、稲盛氏は次のように語っています。

「それによって周囲の評価もぐっと高まってきました。私は給料の遅れさえ気にならないほど仕事がおもしろく、生きがいさえ感じるようになっていきました。ちなみにそのとき身につけた技術の蓄積や実績がもとになって、のちに京セラを興すことになるのです」(『生き方』サンマーク出版より)

同期入社の同僚たちとともに不平不満だけ残して、すぐに会社を辞めていたら、今日ある成功はなかったことでしょう。それまでの不運な人生を好転させたのは、稲盛氏の心の持ち方、ひいては現実や社会に対する考え方の変化だったのです。逆に言えば、それまでの不幸を招いていたのも、稲盛氏の心の持ち方、考え方でした。

こうした経験があるからこそ、稲盛氏は運命とは自分の意志でよくも悪くも変えることができると確信したのだと述べています。

考え方

053

働く喜び

仕事の楽しさとは苦しさを超えたところにひそんでいるものなのです。

――『生き方』（サンマーク出版）

仕事を通して人は変わる

近年、家事や通学をせず、就労のための準備をしていない若年層（15歳から34歳まで）のことをニートと呼び、日本では社会問題化してきました。厚生労働省の調査では、２００２年から２０１４年までの統計では、平均して60万人を超えています。他方で、働き盛りの20歳から49歳までの国民のうち、およそ32万世帯で引きこもりを抱えているとする調査もあります。

ニートも引きこもりも、理由は人それぞれだとは思いますが、他方で仕事を忌避する風潮も今日では目立ってきていることも確かです。なるべく仕事以外の時間を持ち、余暇を充実させることこそ重要だとするような世論も目立ってきました。

しかし、本当に人生を充実したものにしてくれるのは、余暇に気ままに趣味や娯楽を楽しむことではなく、あくまでも懸命に働くことなのではないでしょうか。すなわち「勤勉」であること。勤勉に仕事に励むことを通して、人は精神的な豊かさや人格的な深みを養うことができるのではないでしょうか。

仕事は趣味や娯楽のようにたやすいものではありません。長い時間、努力を重ねて、たいへんな苦労をしなくてはなりません。しかし、その苦労の末に得た喜びは、趣味や遊びの世界で得る喜びとは比べものにならないくらい尊いものです。一生懸命に仕事に励み、困難に打ち克った末に得た達成感は、なにものにも代えることができない、その人の財産です。

今日の若年層に働くことを厭う風潮が生まれているとすれば、それはこうした達成感を知らない、喜びを知らない人たちだということです。このような成功体験がない人は、自らの人生から何も学んでいないと言っても過言ではないでしょう。

仕事にはこうした成功体験があるからこそ、さらなる成功体験を求めて、意欲を掻《か》き立てられ、さらなる創意工夫を行うことができるのです。そしてそのような創意工夫を行っている瞬間にこそ、生きていることの実感があり、人生の楽しさという充実感があるのではないでしょうか。

古代ギリシャの哲人アリストテレスはこんな格言を残しています、「働く喜びが、仕事を完璧なものにしてくれる」と。

ただ苦しいうちは、その仕事は完璧ではありません。働く喜びを感じてこそ仕事は確かなものになりますし、その人の人生は充実するのです。

今、目の前にある仕事に一生懸命に打ち込むことです。人は仕事を通じて変わることができます。仕事に打ち込むことで、その人の運命は切り開けるのです。

考え方

054

労働とは修行である

労働を生活の糧を得るための物質的手段とだけとらえることもまた誤りだと考えています。

――『生き方』(サンマーク出版)

心を磨くために仕事をする

前節でも述べたとおり、仕事を通じて、人は精神的な豊かさや人格的な深みを養うことができ、そうした点から言うならば、労働とは一種の「修行」なのです。

ともすると労働とは、給料をもらい、家族を養うための手段と思われがちですが、それだけではありません。労働を通じて、人は何者かになるのではないでしょうか。仮に労働を修行と考えるならば、私たちは働くことを通じて、自己を実現するとも言えるかもしれません。

たとえば禅宗における修行を見てみましょう。お寺で修行をするお坊さんのことを日本では雲水と呼びます。禅寺では雲水は、坐禅を組むだけでなく、食事の用意から庭掃除まで、日常のあらゆる作業を行っています。こうした日々の勤めは、禅宗にとっては坐禅を組むことと同じ水準の修行なのです。すなわち、日常生活の労働を一生懸命に取り組むことと、坐禅を組んで精神統一をはかることのあいだには本質的には差はないということです。

これこそまさしく、労働とは修行であるということを、端的に表していると言えるでしょう。そしてこうした日々の労働が、禅宗では悟りに通じていると説いています。

悟りとは心が高まり、磨かれていく最高の境地のことですが、仏教では悟りを開くために、「六波羅蜜《ろくはらみつ》」という6つの修行を行わなければならないとされています。

簡単に説明しますと、六波羅蜜とは布施《ふせ》、持戒《じかい》、忍辱《にんにく》、精進《しょうじん》、禅定《ぜんじょう》、智慧《ちえ》の6つの修行のことです。

1つめの布施とは、世のため人のために尽くすこと。すなわち利他の心を持つことを意味しています。

2つめの持戒とは、悪い行為を戒めて、戒律を守ることの重要さを説いたもので、先に説明した欲望、怒り、愚痴の三毒から離れるために煩悩や欲望を抑えることを意味します。

3つめの忍辱は、困難や苦難に負けることなく、耐え忍ぶことを指します。

4つめの精進は、何事にも一生懸命に取り組むこと。まさしく勤勉であることを意味しています。

5つめの禅定とは、忙《せわ》しない日常を離れて、精神を一点に集中させることで、揺れ迷う心を静め、整えてあげることを意味しています。

6つめの智慧は、これまで挙げた5つの修行に努めることで感得できる真理を指しており、この真理に至ることが悟りの境地に達することだとされます。

六波羅蜜は仏教の教えであり、その修行ですが、何も私たちの生活と無縁なものではありません。私たちはこの六波羅蜜を実践することで、自分の心を磨くことができるのです。逆に言えば、このような心がけによって、働き方も変わり、人生も変わってくると言えるのではないでしょうか。

考え方 055

利他の精神

社会人になってまで、人から何かをしてもらおうという気持ちでいてはダメだ。

――『生き方』（サンマーク出版）

世界に貢献するために

創業3年目に、高卒社員たちから、待遇の改善を求める「要求書」を突きつけられたことを機に、稲盛氏は改めて会社の目的というものを考え直しました。若い社員は、会社に自らの一生を賭けようとしている。そうであるならば、会社の目的も利己的なものであってはいけない、そのように反省した稲盛氏は、利他の精神に貫かれた、企業理念を掲げるようになりました。

そのような稲盛氏が、さらに利他の大切さに気づかされたことがありました。きっかけとなったのは1981年、セラミック業界での功績が認められ、伴《ばん》記念賞を受賞したことです。

伴記念賞とは、東京理科大学の伴五紀《いつき》教授（当時）が技術開発で貢献した人を顕彰する賞として始まりました。

伴教授は生涯に約2400件もの特許取得をし、研究だけでなくさまざまな商品開発の第一人者としても活躍、日本の産業の発展にも尽力された方です。

伴教授は常々「知価鉱脈」ということを述べておられました。

地下鉱脈すなわち天然資源には限界があり、日本にはそれはほとんどない。しかし、その代わりに日本には「知価鉱脈」があり、これには限界がない。

ですが、それが鉱脈である限り、きちんと掘り出してあげなければ、価値は生まれません。私たち日本人は、この唯一の財産である「知価鉱脈」を発掘して初めて、世界から尊敬され、感謝されるようになる。

このような理念のもとに、伴教授は、自らが取得した特許によって得たロイヤリティの収入をなげうって顕彰事業を実施することにしたのです。

この伴教授は研究者・発明家としてもたいへんユニークな人物で、「モノを作るにはさまざまな人との関わりがあり、人間を考慮した商品シナリオを作らなければヒットはしない。人がモノを創り、人が生産し、人がこれを売り、人がこれを使うのであり、総合的な人間研究が必要である」とも述べています。そのために時間があれば、一日に何度も喫茶店に通い、人の会話の内容を聞いては、商品開発のヒントとしていました。

稲盛氏は当初、自分が受賞したことばかりが嬉《うれ》しかったのですが、そのような賞であること、そして伴教授の人柄に触れて、たいへんショックを受けたそうです。そのときに自分も賞をもらう立場ではなく、むしろあげる立場として活動しなければならないのではないか、と思い直したのでした。

親交のあった京都大学の矢野暢《とおる》教授に、稲盛氏は顕彰事業のことを相談します。すると矢野教授は「それはいい。やる以上はノーベル賞のような世界的な賞にしましょう」と後押ししてくれ、当時の京セラの副社長で元エネルギー庁長官だった森山信吾氏も「善は急げです、財団を作りましょう」と率先して動いてくれました。

こうして1985年に始まったのが、「京都賞」です。稲盛氏が私財を投じて、稲盛財団を作り、先端技術、基礎科学、そして思想・芸術の各分野で素晴らしい業績をあげ、貢献した人物を選んで顕彰し、その功績をたたえるという趣旨で今日まで続いています。

考え方

056

哲学こそが重要

素晴らしい考え方、
つまり人生哲学を持つか持たないかで、
人生は大きく変わってくるのです。

――『心を高める、経営を伸ばす』（PHP研究所）

フィロソフィを確立すること

人生は考え方次第で大きくその様相を変える。因果の法則に則《のっと》るならば、善い考えを持ち、善い行いをするならば、悪い運命であっても、善い方向へ転じることができる。この意味では、その人の生き方は、いかなる考え方を持つかで大きく変わると言えます。

考え方、もっと言えば、哲学（フィロソフィ）が、人生には必要なのだと稲盛氏は言います。それは本章でこれまで稲盛氏の半生からいくつかのエピソードを抜き出して説明してきたとおり、考え方次第で自分の姿勢が変わり、それとともに周囲も巻き込んで変わっていく、ひいては現実そのものが一変するという経験を、稲盛氏自身がしてきたからです。これは空理空論ではなく、実際の経験に裏打ちされた、それこそが生きた哲学だと言うべきです。

稲盛氏は一介の技術者から会社の経営者となったとき、会社とはその経営者の器以上のものにはならないと考えました。経理や会計がわかるとか、技術的なことも大切ですが、「私自身が立派な考え方や人生観というものを持っていなければ、決して人をひきつけることはできないだろう。だから、立派な経営をしていくためには、私自身の考え方・人生観・哲学というものを磨いていかなければいけないのではないか」（『京セラフィロソフィ』サンマーク出版より）と思い、フィロソフィを大切にしようと決心したのです。さまざまな技術や作法などを教えることも社員教育のひとつかもしれませんが、企業にとって最も大切なのは、いかに素晴らしい考え方を共有できるかにあると言えるでしょう。１９９４年、京セラでは創立35周年を記念して、京セラの経営哲学をまとめた『京セラフィロソフィ手帳』というものを作り、従業員に配布しています。その手帳の冒頭で、稲盛氏は次のように語っています。

「私は、人の心というものをよりどころとしてこの会社を経営していこうと決心しました。それは、人の心ほどうつろいやすく頼りにならないものもないかわりに、ひとたび固い信頼で結ばれれば、これほど強く頼りになるものもないと思ったからです。（中略）京セラフィロソフィは、実践を通して得た人生哲学であり、その基本は『人間としてこういう生きざまが正しいと思う』ということです。このような生き方で人生を送っていけば、一人一人の人生も幸福になり、会社全体も繁栄するということを、私は社員の皆さんに訴え続けてきました。／こうした考え方に共鳴していただいた社員の皆さんが、人間のもつ無限の可能性を信じて、際限のない努力を続けてきたからこそ、今日の京セラの発展があるのです」

こうした哲学を根底において経営が行われ、従業員全員が働いているからこそ、今日の京セラの発展と繁栄があると言えます。

稲盛氏が経営再建を手がけたＪＡＬでは、一番に経営陣をはじめ社員全員の考え方を改革することから、再生がスタートしました。その改革のなかで、グループ全社共通の価値観として、「京セラフィロソフィ」を手本に40項目にわたる「ＪＡＬフィロソフィ」を作成しました。グループの社員は「ＪＡＬフィロソフィ」を常に心に留めておき、その哲学を実践することで、経営再建後、今日まで誤りのない経営を進めていると言っても過言ではありません。

人生においても仕事においても、重要なのは「考え方」であり「哲学」なのです。

考え方

新しいことを成し遂げるには

057

頼らないということは、自由ということなのです。他に頼るのではなく、自分に頼るのです。

058

何もないからできないと考えていては、新しいことなどできるわけがありません。

――『心を高める、経営を伸ばす』（ＰＨＰ研究所）

無頼の人

ビジネスに限らず、学問や芸術、科学などあらゆる分野で、何か新しいことを達成したいと思うのならば、私たちはどうするべきでしょうか。

これまでにないことをする。そのような創造性を生み出すには、前例にとらわれていては、うまくいきません。新しいことを為そうとするときは、さまざまな苦難が待ち受けていることでしょう。しかし、大切なのは自分の正しいと思った道、それも強く思い描いた道を、とことんまっしぐらに歩むことであり、決して妥協をしないことなのです。

稲盛氏は「ある種の無頼性が必要だ」と言います。「無頼」というと、どこか粗野で傍若無人、あるいはアウトローのような人間を想像しやすいのではないでしょうか。

戦中の価値観が一気に崩れ去った戦後日本で、既成の価値観を疑う、無頼派と呼ばれる文学者たちが活躍しました。無頼派を代表する太宰治や檀一雄、坂口安吾などの文学は元来、「何にも頼らない」という無頼性の精神に貫かれたものです。しかし、一般には彼らの破天荒なエピソードばかりが取り上げられて、無頼という意味がきちんと理解されていないようです。

無頼とは、何か自分よりも大きいものを当てにするのではなく、自分の他に頼るものはないと覚悟すること。そして、自分を拠《よ》り所として求めることで、真の創造が可能となるのです。

自らが正しいと強く思い描いた道、と先に述べました。とりわけ強調したいのは、強く思い描くということです。何か新しいことを始めようとするとき、人は「これがないから、あれがないから」とスタートを先延ばしにしがちです。ですが、そもそも新しいことを始めるとき、あるいは誰もやったことがないようなことを達成しようとするとき、それは前例のないことですから、まだ何もないのは当然なのです。

それでもなお成し遂げたい、と強く願うならば、そのためにはどうしたらよいか、必要な人材や技術、資金、設備、そしてそれをどう調達すべきかなど、とことんまで具体的に考えるのです。強く思い描くこと、隅から隅までとことん考え込むことができて初めて、目的を実現することができる。そのときに頼りになるのは、あくまでも自分です。

周囲からは「勝算はあるのか」と問われることもあるでしょう。なかには親切心から止《や》めておいたほうがよいと言う者もあるかもしれません。ですが、新しいことを成し遂げようとするということは、それ自体、本来孤独なものなのです。周囲の心配に配慮して、歩みを止めては新しいことを成し遂げることはできません。

それよりも自分自身の強烈な思い、考え方こそ大事にすべきです。

考え方 059

「私」を戒める

一人になったときに、思わず口をついて出てくるこの言葉が、私を戒めてくれているのではないかと思うのです。

――『「成功」と「失敗」の法則』(致知出版社)

「けしからん！」と「バカモンが！」

前述のとおり、稲盛氏は朝の洗面のときに、前日の自分の言動が自分勝手で納得できなかったなら、鏡に映る自分に対して、「けしからん！」「バカモンが！」と、責めたてるそうです。また、自宅やホテルの部屋に戻って、一人眠りにつこうとするときには、思わず「神様、ごめん」という反省の言葉をつい口にしてしまうと言います。

人間は誰しも完璧ではありえません。どんな人間であっても、過ちや間違いを引き起こしてしまうことはあるでしょう。

しかし、そのつど、素直に反省し、同じ誤りを繰り返さないよう懸命に努力することによって、人間性を磨いていくことができるのではないでしょうか。

自分自身の言動を振り返り反省することは、自分の「考え方」そのものを改め、考え直すことです。日々、このような反省を行うことによって、利己的な自分を戒め、人格を高めることができます。

考え方 060

企業経営に必要なのは「徳」である

企業経営においても、長く繁栄を続ける企業をつくりあげていこうとするなら、「徳」で治めていくしか道はないと私は考えています。

――『「成功」と「失敗」の法則』（致知出版社）

相手の立場を考えた徳に基づく企業経営

会社経営をする者なら、誰しもが自分の会社をできる限り業績もよい状態にし、それが永年続いてもらいたいと思うでしょう。そのためには、新規事業を起こし社内を活性化させたり、M&A（企業の合併・買収）を行って会社自体を大きくしたり、と市場と向き合いながら、経営者はさまざまな策を講じます。

しかし、真に長く繁栄を続ける企業とは、「徳」に基づく企業なのではないか、と稲盛氏は述べています。徳とは、人間として正しい心を意味しています。

もともと、徳というのは中国から日本へと伝わった教えのひとつです。古来、中国では「仁」「義」「礼」という3つの言葉で言い表されていました。「仁」とは他を慈しむこと。「義」とは道理に適うこと。「礼」とは礼節をわきまえること。この「仁」「義」「礼」の3つを備えることで、初めてその人を「徳」のある人と呼ぶのです。「徳」で治めるということはすなわち、高邁《こうまい》な人間性で集団を統治していくことにほかなりません。

この徳はさかのぼると、中国の春秋戦国時代に行きつきます。孔子をはじめとしたいわゆる諸子百家《しょしひゃっか》と呼ばれる聖人賢人たちが「人間の道」を説いた時代、すなわち、世が乱れ、さまざまな国家が興っては滅亡を繰り返していた歴史のなかで、人々の心も荒廃していた時代です。人心の乱れは、そのまま利己だけを追い求める者が増加したことを意味します。「徳」とは、こうした人々を戒めるために生まれた教えなのです。

徳は中国から日本に伝えられた教えだと述べましたが、今日、東アジアの情勢を考えると、日中関係の悪化は政治に限らず、経済、ひいては私たちの日常生活にも暗い影を落とすことになりかねません。現在、中国は急速な経済発展によって、日本を超えて世界第2位のGDPを誇る経済大国に成長しました。しかし、その一方で、資本主義と見まがうばかりの市場経済の導入により、格差の拡大や貧困層の増大、環境汚染の激化など、さまざまな歪《ゆが》みも生じています。稲盛氏はしばしば、中国を訪れ、現地の経営者たちにこの「徳」に基づく経営哲学を説きました。するとある中国人経営者から次のような感想をもらったと述べています。

「われわれも論語をはじめ、聖人賢人が残した難しい言葉は知っている。しかし、それはどこかの壁に飾ってあるだけで、自分には無関係で生活には使えないものだと思っている。しかし、あなたはその思想を現代によみがえらせ、日常の言葉で平易に説いてくれる」(『燃える闘魂』毎日新聞出版より)と。利己がはびこり、大きな社会問題を抱えている中国で、改めて「徳」の教えが評価されているのです。

これはまさしく、利己的な経営では長い繁栄を得る企業になることは難しいと、発展目覚ましい中国の経営者たちが考えているということです。

いま現在、世界で最も経済発展著しい中国で、徳が見直されているということはたいへん示唆的なことだと思います。

利己的に突き進む経営では、言葉も文化も異なる世界では顰蹙《ひんしゅく》を買うだけです。そこには相手の立場を考えた徳に基づいた経営というものが求められているのです。

このことは、日本の企業がさらにグローバルに拡大していく世界経済のなかで活躍するためにはどうすべきかを示しています。

考え方 061

才覚よりも人格

人の上に立つ者には才覚よりも人格が問われるのです。人並みはずれた才覚の持ち主であればあるほど、その才におぼれないよう、つまり、余人にはない力が誤った方向へ使われないようコントロールするものが必要になる。

――『生き方』（サンマーク出版）

自己を愛することは一番よくない

前節では「徳」によって治めることが企業経営には必要であることを述べましたが、この徳とは、端的に言えば、人として正しい心を意味しています。また稲盛氏が企業経営の原理原則とした「人として正しいかどうか」という判断基準も同様のことを表しています。このような考え方を持っているかどうかで、経営者は自らの能力や熱意を正しい方向へと発揮することができるかどうかが決まってくるのです。

ともすれば、経営者のなかには、会社が成功し上場を果たすと、ここまで会社が大きくなったのはすべて自分の才覚によるものだと勘違いする人もいます。そのような人は、「私のおかげで会社が大きくなったのだから、それ相応の見返りがあってもいいはずだ。自分がお金持ちになるのは当然だ」とばかりに、社員に還元することなく莫大なキャピタルゲインを得て、無駄遣いをすることが多いものです。しばしば、テレビ番組などで大富豪の豪邸などの特集が組まれたりしますが、そのような経営者はたいへん大きな勘違いをしています。人とは違う才能に恵まれたのなら、その経営者は「なぜ、自分にはこのような才能が与えられているのか」と考えてみる必要があるのです。

稲盛氏は「才能とは、集団を幸福へ導くために天がリーダーに与えてくれた資質だと考えるべきです」（『ど真剣に生きる』NHK出版より）と語っています。

才能に恵まれた人間、ひいては人の上に立とうとする者は、決して自分だけを大切にしてはなりません。先に挙げた大富豪であることをひけらかす経営者のように、自分の利を優先するような人間に、人はついていかないのではないでしょうか。

稲盛氏の尊敬する明治の英傑・西郷隆盛は、遺訓のなかで次のように述べています。

「己れを愛するは善からぬことの第一也。修業の出来ぬも、事の成らぬも、過ちを改むることの出来ぬも、功に伐《ほこ》り驕謾《きょうまん》の生ずるも、皆自ら愛するが為なれば、決して己れを愛せぬもの也」（遺訓26条より）

すなわち「自分を愛すること、自分さえよければ人はどうでもいいというような心は最もよくないことだ。修業のできないのも、事業の成功しないのも、過ちを改めることのできないのも、自分の功績を誇り高ぶるのも、すべて自分を愛することから生じるのである。決して、そのような利己的なことをしてはならない」ということです。

また遺訓30条では「命もいらず、名もいらず、官位も金もいらぬ人は、仕末《しまつ》に困るもの也。この仕末に困る人ならでは、艱難を共にして国家の大業は成し得られぬなり」とも述べています。

命も惜しまず、名声も地位も金銭も欲しない、このような私心を捨て切った人物にしか大きな仕事はできない。私利私欲に走るのではなく、無私の心になること。人の上に立つ人間、すなわちリーダーというものは、無私の者であるか否かという点で、大局を読むことができるかどうかが決まります。大事を成すことのできる優れたリーダーというのは、すべからくつまらない私心には左右されない、無私の人なのです。

西郷隆盛もまた、そういう人物だからこそ、今日でも多くの人に慕われ、尊敬の対象となっているのだと言えるでしょう。

考え方
062

「仕事がしたい」という強い思い

どうしてもこの仕事がしたいという思いが、せきを切ったように行動に駆り立てるのです。

――『心を高める、経営を伸ばす』(PHP研究所)

燃える闘魂

思いが強ければ強いほど、人は自らの考えていることを現実にできる。これはまさしく歴史が証明していることです。

たとえば、日本は第二次世界大戦後の荒廃のなかで、たぐいまれなリーダーたちと彼らに導かれた人々によって、経済の復興を果たしました。松下幸之助氏や本田宗一郎氏、井深大氏といった稀代《きたい》の経営者たちは、その胸の内に「どうしてもこの仕事がしたい」という強い思いを抱いていたのです。

これを稲盛氏は「燃える闘魂」と表現します。戦後日本の経営者たちは、この「燃える闘魂」を持って、会社を引っ張り、高度経済成長を果たしたのです。

稲盛氏は、京セラを起こして間もない頃に、本田宗一郎氏を講師に招いた経営セミナーに参加したことがあったそうです。

本田氏と言えば、一介の自動車修理工場の経営者から身を立て、日本を代表する自動車メーカーを一代で築いた人物です。若い頃は非常に荒々しく、現場でいい加減なことをしようものなら、鉄拳制裁をも辞さないほどだったと聞きます。また若い頃は、「お金が欲しいから社長をやっている。なぜお金が欲しいか。それは遊びたいからだ」と公言してはばからない、豪快な人物でも知られています。

さて、稲盛氏が参加した当の経営セミナーは、温泉旅館を借りて2泊3日で行われました。参加費用は数万円と、当時では大金です。稲盛氏は周囲が反対するなか、どうしても本田宗一郎氏の話を直接聞きたいと参加しました。

参加者は温泉に入り、浴衣に着替えて、大広間で本田氏が来るのを待っていました。しばらくして登場した本田氏は、浜松の工場から直行してきたかのような、油まみれの作業着姿だったと言います。浴衣姿の参加者を見るなり、開口一番、次のように一喝しました（『燃える闘魂』毎日新聞出版より）。

皆さんは、一体ここへ何しに来たのか。経営の勉強をしにきたらしいが、そんなことをするひまがあるなら、一刻も早く会社へ帰って仕事をしなさい。温泉に入って、飲み食いしながら経営が学べるわけがない。それが証拠に、わたしは誰からも経営について教わっていない。そんな男でも会社が経営できるのだから、やることはひとつ。さっさと会社に戻って仕事に励みなさい。

「こんな高い参加費払って経営をわざわざ学びに来るバカがどこにいる」と毒づかれた稲盛氏は、本田氏によりいっそう惹きつけられ、「よし、自分も早く会社へ帰って仕事にとりかかろう」と強く思ったそうです。

稲盛氏は、まさしく燃える闘魂のごとく強烈な願望を抱き続け、会社経営にあたりました。

5年先、10年先にうちの会社はこうなっているというイメージを、鮮明に描けるほどに思い描いたのです。

しかもそれはカラーで見える、すなわち現実と寸分も変わらないさまを思い描くことができたと稲盛氏は言います。このように強く思い続けることができて初めて、仕事は成功するのです。

考え方

063

思いを実現するために

不可能な地点から始めて、最後は神が手を差し伸べてくれるまで必死の思いでやりつづけ、ついに完成すれば、安請け合いという嘘は実績という真実を生んだことになる。

考え方

064

事をなそうと思ったら、まずこうありたい、
こうあるべきだと思うこと。
それもだれよりも強く、身が焦げるほどの
熱意をもって、そうありたいと願望することが
何より大切になってきます。

――『生き方』(サンマーク出版)
『心を高める、経営を伸ばす』(PHP研究所)

考え方

065

つねに前向きで建設的であること。
感謝の心をもち、みんなといっしょに
歩もうという協調性を有していること。
明るく肯定的であること。
善意に満ち、思いやりがあり、やさしい心を
もっていること。努力を惜しまないこと。
足るを知り、利己的でなく、
強欲ではないこと(後略)。

――『生き方』(サンマーク出版)

とことんまで考え抜き、とことんまで反省する

本章では、何か物事を達成したり、現実を好転させたりするためには、どんな「考え方」を持っているかがいかに重要であるかを述べてきました。燃える闘魂と呼べるくらいの強い思いを持ち、必死に思い続ける、もうこれ以上はないというほどに考え詰め、やるべきことをやる。最後は神が手を差し伸べてくれるほどに必死の努力をすればこそ、思いは実現するのです。

しかし、そうした強い思いは、ともすると極めて利己的な方向に、独善的な方向に傾いてしまいます。だからこそ、私たちは自己に語りかけ、利己的になっていないかどうかを日々、反省することが大切になってきます。

稲盛氏は誰よりも強い意志を持ちながらも、「人として正しいかどうか」という自らの原理原則に従って、日々、己を反省しています。「燃える闘魂」はまさしくこのような「徳」によってコントロールされるからこそ、思いを実現できるのです。

盛和塾懇親会にて、塾生の質問に真摯に答える稲盛氏

第4章

成功と失敗

成功と失敗

066

誰にも負けない努力

もうダメだ、無理だというのは、
通過地点にすぎない。すべての力を尽くして
限界まで粘れば、絶対に成功するのだ。

――『生き方』（サンマーク出版）

42・195キロを全速力で走り切る

「火事場の馬鹿力」としばしば言いますが、人は普段、自分の力を知らず知らずに制限しているものです。自らにもともと備わっているが、日常的には表には出てこない力、そのような力を潜在能力と言いますが、分子生物学者の村上和雄氏（筑波大学名誉教授）は、これを自身の専門的見地から簡明に説明しています。

普段、私たちの潜在能力は発揮されず、身の危険が迫ったり、極限状況にあったりするときに初めて発揮されますが、これは潜在能力を発揮する遺伝子の機能が通常はＯＦＦになっているからなのです。逆を言えば、このスイッチがＯＮの状態になっていれば、普段でも「火事場の馬鹿力」のような、潜在能力を発揮することは可能だということです。果たして、この潜在能力をＯＮにするにはどうしたらよいのか。

それには、プラス思考であったり、ポジティヴな発想、積極思考など、前向きな精神状態や心の持ち方が大きく作用しているのだそうです。すなわち、これは前章でも取り上げたとおり、強く思うこと、すなわち前向きに考えるその考え方が、遺伝子レベルで作用しているのだ、ということです。

京セラが創業わずか10年ほどで、株式上場を迎えることができたのも、稲盛氏以下、従業員のすべてがまさしく極限状態にまで挑戦し、持てる潜在能力を引き出しながら、駆け抜けていったからにほかなりません。

どんな難しい注文にも「はい、できます」という二つ返事で仕事を請け負い、未来の可能性を信じて、現在の身の丈に合わない製品開発にも果敢に挑戦し、苦心惨憺《さんたん》してこれを成し遂げ、納品をしていった。その結果、京セラはファインセラミックスの分野では世界一と呼ばれるような企業に成長し、その技術を核にしてより多角化を進め、今日では売上2兆円に迫る大企業にまで発展しました。

それはまさしく誰にも負けないような努力を、社員全員で心がけてきたからなのです。

マラソンにたとえるなら、そのスタートからどんなにオーバーペースであろうとも、全速力で走り続けていった、ということになるでしょう。なかには「こんなペースで走り続けて本当に最後までもつのだろうか」という疑問も飛び出したそうです。そんなとき、稲盛氏は次のように、社員に説いたと聞きます。

「京セラは戦後に始まった日本の経営レース、企業マラソンに周回遅れで参加したようなものだ。1945年にスタートしたこの戦後の日本の産業界の覇権を競うレースに、私たちは創業年の1959年に参加したわけだから、他の企業より14年も遅れている。これを距離にたとえるなら先頭集団から14キロも遅れていることになる。これほど離されたうえに、42・195キロのなかを走って勝負しなければならない。ただでさえ14キロも離されているのだ。一流企業でもない中小企業がチンタラ走っていては勝負にすらならない。とにかく全力疾走をしてみようではないか」

その後、わずか10年ほどで大阪証券取引所第二部に上場、続いて3年後には東証一部上場という快進撃を京セラは続けていくことになります。一部上場の翌年には、ソニーを抜き日本一の株価にも輝きました。

自らの限界を設けることなく、そのうえで誰にも負けない努力を続けることこそが、成功の秘訣と言えます。

成功と失敗

仕事に恋する

067

「好き」こそが最大のモチベーションであり、意欲も努力も、ひいては成功への道筋も、みんな「好き」であることがその母体になる。

068

どんな分野でも、成功する人というのは自分のやっていることにほれている人です。

――『生き方』(サンマーク出版)

自分の作った製品を抱いて寝る

強い思い、と言えば、たとえば恋している人は、しばしば他人が唖然《あぜん》とするようなことでもへっちゃらにやってのけられます。恋愛を経験したことがある人ならば、きっとわかるはずでしょう。これは仕事も同じことです。仕事に恋している人にとっては、どんなたいへんなことであっても耐えることができるはずです。

「ザ・ブルーハーツ」「ザ・ハイロウズ」「ザ・クロマニヨンズ」とこれまでさまざまなロックバンドで活躍し、若者に絶大な人気を誇るロック・ボーカリスト甲本《こうもと》ヒロト氏は、人から「楽しいだけでいいのか？」と聞かれて、次のように答えました。「楽しいと楽は違うよ。楽しいと楽は対極だよ。楽しいことがしたいんだったら、楽はしちゃダメだと思うよ」。どんな道であってもプロフェッショナルになるということは、たいへんなことです。それでもやりたい、本当に好きだ、そんな強い気持ちがあるならば、どんな苦労であっても、それをやっている瞬間は好きなことのためにやっているのですから、楽しいはずです。しかし、苦労には変わりありませんから、楽ではありません。安易に楽を選ぶならば、「好き」はどんどん遠ざかっていきます。

稲盛氏もまた、好きな仕事ならば、どんな苦労も厭わない、そしてそうした努力を続けるならば、たいていのことは成功するはずだ、と「自分の製品を抱きしめたい」ほど仕事に熱中していました。稲盛氏が京セラを創業して間もない頃の話です。

当時、稲盛氏は放送機器用の真空管を冷却する水冷複巻蛇管という製品の注文を請け負いました。しかし、それまで小さな製品しか作ったことがなかった京セラでは、水冷複巻蛇管は大きすぎる商品でした。そのうえ、大きな管のなかを小さな冷却管が通るという複雑な構造を持っています。当時の京セラには製造ノウハウもなければ、生産設備すらありません。しかし、稲盛氏は先方の熱意にほだされ、つい「できます」と答えて、受注してしまったのでした。そうとなれば、引き受けた以上、お客様に嘘をつくことはできません。原料は普通の陶磁器と同じ粘土ですが、大きなサイズのため、全体を均一に乾燥させることが当時の技術では極めて困難でした。どうしても乾燥ムラが生じてしまい、結果、ヒビが入るなど、失敗を繰り返したそうです。また、乾燥に時間をかけすぎると、製品のサイズが大きいことがあだとなり、製品自体の重みで形が崩れてしまうという問題も発生します。試行錯誤を続けるうちに、稲盛氏はこの水冷複巻蛇管を「抱いて寝る」ことにしたのです。稲盛氏は、窯の近くで適当な温度の場所に横になり、優しく蛇管を抱いて、夜中じゅう、これをゆっくりと回すことで形崩れを防ぎつつ乾かす、という手段を試みたのでした。稲盛氏はこのとき、「なんとかこの製品を一人前に育てたい」と、あたかもわが子の成長を願う父親のような気持ちで、製品を抱いていたと述懐しています。

その結果、水冷複巻蛇管の製造に成功。無事に納品を果たすことができたのです。

「自分の作った製品を抱いて寝る」。これくらいの愛情を持って、私たちは仕事をしているでしょうか。仕事に恋することができたとき、たとえ難しい問題であっても苦労を厭わず、挑戦し、やり遂げていくことがきっとできるはずです。仕事の醍醐味《だいごみ》とはそのようなところにあり、成功という栄光は仕事にほれ抜いた先に待っているのではないでしょうか。

成功と失敗

069

信念を持つこと

もし、信念もなく、部下にただ迎合している上司ならば、決して若い人たちのためになりません。それは若い人たちにとって楽ですが、その気楽さは彼らをだめにしていくはずです。

成功と失敗

070

仕事という修羅場の中で、新しいことを
成し遂げられる人は、可能性を信じることが
できる人です。

――『心を高める、経営を伸ばす』（ＰＨＰ研究所）

大善と小善

仏教には、大善と小善という言葉があります。

自分の子供がかわいくない親はいないと思いますが、かわいいからといってわが子を甘やかしてばかりいると、その子は成長したときにその甘さが出て、人生を誤ってしまうことがあります。逆にかわいい子には旅をさせろと言われるように、子供を厳しく教育し、しつけることこそが真の愛情であり、それによってその子は成長したとき、素晴らしい人生を歩むことができるのではないでしょうか。

前者を小善、後者を大善と言います。これは「小善は大悪に似たり、大善は非情に似たり」とも表現されます。

もし仮に二人の上司がいるとします。一方は部下の意見をよく聞き、若い人たちがやりやすいように配慮してくれる優しい上司。もう一方は、部下を強く叱責するような厳しい上司。部下の立場では、きっと自分にとって耳障りなことばかり言う厳しい上司は毛嫌いされ、前者の優しい物わかりのよい上司を好むという人が多いでしょう。しかし、長い目で見れば、後者の厳しい上司のほうが、常に部下は限界まで追い込まれるわけですから、自分の本当の力を引き出す訓練ができるわけです。これによって部下は鍛えられ、はるかに伸びていくでしょう。

実際に、人を叱りつけるということはたいへん難しく、エネルギーのいる行為です。ただ怒りに任せるのではありません。信念を持って、部下に少しでも成長してもらいたいと思って、強く厳しい言葉を振り絞るようにして出すのです。これこそが大善であり、真の愛情なのではないでしょうか。

パワーハラスメントということが近年、社会問題にもなっていますが、それはこのような信念、部下に対して大善を為そうとする心に欠けた、ただ自分の怒りをぶつけて、叱り飛ばすだけのことです。

人を育てるという信念を持って何が部下に必要なのかを見極めるリーダーであってほしいと思います。

成功と失敗

071

「思う」とおりになるのが人生

よい思いを描く人にはよい人生が開けてくる。悪い思いをもっていれば人生はうまくいかなくなる。そのような法則がこの宇宙には働いているのです。

成功と失敗

072

「思うとおりにならないのが人生だ」と考えているから、そのとおりの結果を呼び寄せているだけのことで、その限りでは、思うようにならない人生も、実はその人が思ったとおりになっているといえます。

――『生き方』（サンマーク出版）

成功と失敗

073

目をつぶって成功した姿を想像してみたとき、その姿がうまくイメージできるのなら、それはかならず実現し、成就するということです。

074

「楽観的に構想し、悲観的に計画し、楽観的に実行する」ことが物事を成就させ、思いを現実に変えるのに必要なのです。

――『生き方』（サンマーク出版）

成功の条件は「強く思う」こと

右に挙げた稲盛氏の言葉はそのいずれもが、「思い」を大事にしています。「人生とは、その人が心に描いたとおりのものになる、強く思ったことが現実となる。それこそが宇宙の法則なのだ」。稲盛氏の人生哲学の根幹には、この思想が貫かれていると言っても過言ではないでしょう。

もし、あなたが人生を好転させ、成功を勝ち取りたいと思うならば、それを強く、そして具体的にイメージすることです。そして思ったならば、あとは実行するだけなのです。

成功と失敗

075

信用こそ商いの極意

商いとは、信用を積み重ねていくことだと言われています。自分を信じてくれる者が増えてくると、儲けも多くなってくるというのです。

――『心を高める、経営を伸ばす』（ＰＨＰ研究所）

京都商法に学ぶ

あくまでも商売とは、人間相手の行為です。そこに信用がなければ、どんなに便利な商品を作っていようと、早晩、その企業は立ちゆかなくなるでしょう。

稲盛氏が住む京都には、「京都商法」とも呼ばれるような、独自の商いの方法があります。これは、京都の老舗の商家に伝わる事業形態のことです。

京都の漬物屋は全国的にも有名ですが、なかには一日に2樽の漬物樽しか開けない老舗があります。毎朝、その店の前には開店前からお客様が列を作って並ぶほどの大盛況。ですが、一日に売る量が尽きたら、まだお客様が並んでいるのにもかかわらず、その日は店じまいをしてしまうそうです。そして、「お求めになりたい方は、また明日お越しください」と言って、翌日の来店を求めます。顧客のニーズがあるからといって、決して一日に作る量を増やしたりはしません。というのも、漬物は大量に作ろうとすれば、その分だけ味が変わってしまうのです。職人は精魂込めて、一日に販売できる2樽分の漬物を作る。そのときの気候であったり、素材の状態であったり、さまざまな条件を鑑みながら、塩梅《あんばい》を整えていきます。こうした品質管理の徹底に、その店ならではの付加価値が生まれるのです。精魂込めた職人仕事には、当然一日に作れる量に限界があります。伝統の味と高い品質を維持するために、生産量も販売量も、自己規制を行っているのです。こうした努力は、京都の老舗の漬物屋にはしばしば見られます。だからこそ大量生産品にはないその店独特の味というものが生まれ、人気を呼ぶのです。

大量生産大量消費が当たり前の世の中になっているからこそ、生産量・販売量を抑えて高品質を維持し続ける物作りをすることが、伝統の暖簾を守り続けることになっているのです。今日、インターネットも普及してワンクリックすれば、次の日もしくはその日じゅうに商品が手元に届くということが当たり前になりすぎた時代に、並んでも手に入らない商品を売る。そこには、お客様が信頼できる味と品質があるからこそであり、大量生産よりも、その質を維持することがお客様の信頼に適うことだという信念が、「京都商法」にはうかがえます。

実際にこのような「京都商法」的な仕事を実践する、岡山のチーズ農家・吉田全作さんという方がいらっしゃいます。脱サラをして独学でチーズ作りを始めた吉田さんは、品質にこだわるあまりに、チーズの原料となるミルクから自分で作っているのです。この吉田牧場のチーズは、とても美味しいということで全国的にも知られていますが、吉田さんは品質に確信を持てる家族経営という規模にこだわり続けて、大量生産はしません。販売ルートは店舗での販売のほか、電話とファックスのみで通信販売を受け付けていますが、ネット販売はしていません。もちろん、多くの人に認められるほどの品質のチーズを、一から独力で学んで作り上げるまでにはたいへんな苦労がありました。吉田さんの著書『吉田牧場　牛と大地とチーズとの25年』（ワニブックス）を読むと、こんな言葉があります。「迷ったときは苦労するほうの道を選ぶ。（中略）遠回りをすることになるかもしれませんし疲れるルートかもしれませんが、確実に目的に到達できる道なのです。これが、ぼくの信条です」。

お客様にきちんとした品質の商品を届ける。そのためには苦労も厭わない。この姿勢が、真の商売なのです。

076

成功と失敗はいずれも試練である

人間にとって、成功さえも試練なのです。

――『「成功」と「失敗」の法則』（致知出版社）

077

事業を失敗させ、会社を倒産させた人は人生の敗者なのかというと、私はそうではないと思います。

――『稲盛和夫の哲学』（ＰＨＰ研究所）

私たちは常に試されている

成功と失敗を比べると、私たちはやはりどうしても成功というものに目を向けがちですが、両者は正反対なものとされながらも、一枚のコインの表と裏のようなものと言えます。

それは人間にとって、成功も失敗も同じように人生の試練だということです。成功と失敗を比べてみて、試練という意味では、失敗のほうがわかりやすいかもしれません。事業の失敗とは、果たして人生の敗者なのかどうかというと、そうではないと稲盛氏は言います。むしろそれは、自らの人間性を向上させるための試練なのです。本当に人生において成功するのか失敗するのか、人生の勝者か敗者かは、この試練に打ち克つことができるかできないかで決まります。失敗に押し潰され、自暴自棄になって犯罪に手を染めたり、挙げ句の果てには自殺すらしてしまう人もいるかもしれません。ですが他方で、失敗、もしくはそれに類する悲劇を真っ正面から受け止めて、努力を重ね、人間性、ひいては人格を向上させた人物も歴史上、たくさん存在します。

たとえば、「奇跡の人」ヘレン・ケラーは「目が見えない」「耳が聞こえない」「口がきけない」という三重苦を背負って育ちました。そのような苦しみのなかでは、両親を恨み、運命を呪い、人生に絶望してもおかしくありません。

しかし、彼女は違った。ヘレン・ケラーは両親を恨むことも、運命を呪うこともなく、サリバン先生という素晴らしい人生の師を得て、この試練に打ち克ち、さらに自分よりももっと不幸な人たちを、自らの大きな愛でもって助けようとしました。彼女の人生に訪れた三重苦という試練は、彼女に「利他」の心を教えたのです。このように苦しい境遇に立たされながらもそれに決して挫《くじ》けることなく、素晴らしい人間性を育む人が真の勝利者なのです。

他方で、事業に成功したような、いわゆる「人生の勝利者」と言われるような人たちはどうでしょうか。

成功した結果、有頂天となって、得た地位に驕り高ぶる人物も多いでしょう。名声に酔い、財に溺れて、その後の努力を怠る、鼻持ちならない人物に堕ちていってしまう。その結果、人々の協力や支援が得られなくなり、成功したはずの事業は傾き、社会的な信用を失う場合もしばしばです。その一方で、成功を糧に、さらに気高い目標を掲げて、謙虚に努力を重ねていく人もいます。

この意味では、成功も、失敗と同じくひとつの試練なのです。私たちはこの短い一生において、そのつど、自分の一挙手一投足を試されていると心得るべきなのでしょう。

成功と失敗

078

真の成功者

死ぬときまでにどれだけ人格、品性を高めたか、そのことだけが人生の勲章であり、事業で成功する、学問で博士号をとる、組織で高い地位に就くなどということはあまり価値がないのです。

成功と失敗

079

幸運、成功を得たということは、決して結果ではなく、その対処の仕方によって人生は大きく変わってくるのです。

——『稲盛和夫の哲学』『心を高める、経営を伸ばす』（ＰＨＰ研究所）

成功と失敗

080

仕事をする場合、どうしても豪快さと緻密さという、二律背反するような性格を備え、局面によって使い分けられる人が必要です。

成功と失敗

081

私は、才能というものは、集団を幸福へ導くため、天が人間の世界に一定の割合で与えてくれた資質だと思っています。

――『稲盛和夫の哲学』『心を高める、経営を伸ばす』（ＰＨＰ研究所）

本当の成功と失敗

　日本の中世において、栄華を誇った平氏の盛衰を描いた『平家物語』は、たいへん有名な次のような冒頭の一節から始まります。

「祇園《ぎおん》精舎の鐘の声。諸行無常の響きあり。沙羅《さら》双樹の花の色、盛者必衰の理《ことわり》をあらはす。奢《おご》れる人も久しからず、ただ春の夜の夢のごとし。猛《たけ》き者もつひにはほろびぬ、ひとへに風の前の塵《ちり》に同じ」

　祇園精舎とは、ブッダが説法を行った場所のひとつです。ブッダは沙羅双樹の下で入滅したと伝わります。諸行無常も仏教の教えで、一切のものは常に流動し変化しており、不変なものは存在しないと説いたもの。

『平家物語』は、当時すでに日本でも普及していた仏教の教えに根ざした一文から始まっています。「奢れる人も久しからず」とはまさに世の栄華を誇りながらも没落していった平家の姿です。この有名な一節の後には、中国の歴代王朝や日本の武将たちの例を挙げて、いずれも栄華を極めるばかりで、忠告を聞き入れ、反省し天下泰平を考えることもしなかったために、身を滅ぼすこととなったと説いています。たとえ、成功するまでは懸命に努力を重ねた者であっても、大きな成功の上に胡坐をかき、驕り高ぶってばかりいれば、結局そのような成功は決して長続きしないのだ、ということはまさに歴史が証明していると言えるでしょう。

成功を経験した人は注意しなければなりません。

人が羨むほどの幸運や成功に恵まれたとき、それは自分自身が努力をし、成し遂げたことだと思う人は多いかもしれません。それに見合った報酬、さらにはそれ以上の成功を求めてもいいはずだと驕る者が、金が金を呼ぶ、今日の行き過ぎた資本主義の世界には増えています。

このように驕り高ぶる者は、もっと成功しても当然なはずだ、報酬も地位も名声ももっと欲しいと、自分の欲望をさらに肥大化させ、どんどん傲慢な人間へとなっていきます。

しかし、その人の最初の成功は、本当にその人だけの努力によって生まれたことでしょうか。何者でもない彼に出資し、支えてくれた人がいたかもしれません。一緒に同じ目標に向かって懸命に努力してくれた同僚や部下がいたかもしれません。そうした人々の存在を忘れ、あたかも自分の力だけで成功したと思うならば、その人はその時点で「成功」という試練に負けたのです。彼の成功を支えてきたはずの周囲を気遣う謙虚さや、地道な努力は失われてしまい、本来あった信用も失われることでしょう。結果、彼は衰退と没落の道を歩むことになります。これこそが本当の失敗です。

本当の失敗に陥ることなく、人生において真の成功を得たいというのであれば、なによりも人生のあらゆることは試練だと覚悟して、人格を磨くことに徹するべきなのです。

稲盛氏がしばしば言及する「六つの精進」というものがあります（詳細は第5章参照）。その2つめは「謙虚にして驕らず」というものです。成功をしたときに有頂天になって傲慢になることを戒めた言葉ですが、この言葉は成功とはひとつの試練であり、修行であることを教えてくれます。

他人を押しのけてでも、というような、強引な人が成功しているように見えがちですが、決してそうではありません。むしろそのような人は目先の成功によって、驕り高ぶり、謙虚さを忘れて「高転び」するようなタイプの人間です。成功という試練に、そうとは知らずに挫折してしまうのです。

本当に成功する人は、内に燃えるような情熱や闘争心を持っていても、実際は謙虚で控えめな人が多いものです。成功という試練に打ち克つことこそ、真の成功であり、そのためには「謙虚にして驕らず」ということを、決して忘れず肝に銘ずる必要があると言えます。

成功と失敗

082

私利私欲に陥ることなく

いくら能力があろうが、自分に負けて
安逸に流れ、正面からの努力を惜しむのは、
つまりは「自分のもって生まれた才を活かす」
という意味での能力に欠けている。

成功と失敗

083

利他という「徳」は、困難を打ち破り、
成功を呼ぶ強い原動力になる。

――『生き方』（サンマーク出版）
『心を高める、経営を伸ばす』（ＰＨＰ研究所）

成功と失敗

084

不成功者には粘りがないのです。
うまくいかなくなったときに
すぐあきらめてしまうのです。

成功と失敗

085

私はいつも「土俵の真ん中で相撲をとれ」と言っていますが、それは土俵の真ん中を土俵際だと思って行動しろという意味です。

――『生き方』(サンマーク出版)
『心を高める、経営を伸ばす』(PHP研究所)

成功と失敗

086

強い情熱は成功をもたらしますが、
それが私利私欲に端を発したものならば
その成功は長続きはしません。

――『心を高める、経営を伸ばす』（ＰＨＰ研究所）

心を磨くことこそ、真の成功である

本章では、成功と失敗について、稲盛氏の哲学を紹介してきました。

これは本書全体、ひいては稲盛氏の人生哲学そのものに貫かれていることですが、人間にとって本当に大切なことは、強く思い続ける信念を確固として持ち、「人として正しいかどうか」という「徳」に根ざす原理原則に基づいて、自らを鍛錬していくことなのです。それは端的に言えば、素晴らしい人格をつくる、すなわち心を磨くことなのだということです。

真の成功者とは、決して自分の富を増やし続けた者のことではありません。ましてや成功を自力のものと思い込み、有頂天となって驕り高ぶる者には早晩、自分の才に溺れて手痛いしっぺ返しがくるでしょう。そうではなく、あくまでも「謙虚にして驕らず」の精神で、自らを律することができる者こそが、真の成功者なのです。そのような人は、やはり素晴らしい人格と、丁寧に磨かれた心を持っています。

次章では、人格、ひいては心を磨くことについて、稲盛氏の考えを紹介していきたいと思います。

第5章 心を磨く

087

働くことで心を磨く

一つのことに打ち込んできた人、一生懸命に働きつづけてきた人というのは、その日々の精進を通じて、おのずと魂が磨かれていき、厚みある人格を形成していくものです。

――『生き方』（サンマーク出版）

人間はいつまでも変わることができる

本書ではこれまで稲盛氏の人生哲学を紹介してきました。その哲学の根幹となるのが、人格を練り、心を磨くということです。本章ではこの根本について考えていきたいと思います。稲盛氏は先に述べたように、「人生・仕事の結果＝考え方×熱意×能力」という方程式で決まると話しています。その「考え方」とは人格に通じるものです。つまり稲盛氏は、この人生や仕事は人格に左右されると言っています。そのような人格とはどのようにつくられるのでしょうか。

人格というのは一般的に、子供の頃から成人するまでのあいだに形成され、一度確立してしまったら、もう変えることはできないと思われがちです。しかし、たとえば仏教の世界では、むしろ人が変われるのは成人して以降なのだと説いています。

仏教の世界では、出家した人が毎日守らなければならない教えというものがあり、これを「律」と呼びます。

私たちのような一般人にとっては法律のようなものをイメージしていただくとわかりやすいでしょう。

お釈迦様が始めた仏教、すなわち今日では原始仏教と呼ばれていますが、元来、出家する年齢の上限はありません。たとえ30歳であろうと60歳であろうと、何歳でも出家することができます。

しかし、あまり知られていないことですが、下限は決まっているのです。出家できるのは成人して以降、つまり20歳を過ぎてから、ということになります。10代のうちは「沙弥《しゃみ》」という見習いのままで、20歳を過ぎて初めて「比丘《びく》」と呼ばれる正式な僧侶となり、本式の修行を始めることができるようになります。

現代的な価値観からすれば、人間は若ければ若いほど、自分を変えることができると信じられています。

若いときにはまだ柔軟で、いろいろなしがらみがないと思われているからかもしれません。しかし、実際には若いうちの教育や経験というものの大部分は、他人からさまざまな鋳型にはめられて自分がつくられていくようなものであり、あくまでも受動的なものに留まると言えるでしょう。成人したとき、このような人生に疑問を抱き、「自分を変えたい」と一念発起する。出家とは元来、このようなものでした。自己を変えるためには、変えるための自己そのものが確立されてからでなければ、変えるものも変えられないというわけです。

成人以降、私たちは若い頃には直面しなかった出来事に出会います。それは成功や失敗、幸運や不幸などさまざまでしょう。また、会社に勤めれば、これまで自分の身の回りでは出会うことのなかった人たちとも出会うことになります。そんなときこそ、改めて自分を磨くチャンスなのではないでしょうか。

私たちの大部分は成人してから定年まで（あるいは自由業の方は引退されるまで）、仕事漬けの毎日を送ることでしょう。一日のうち少なくとも3分の1は職場で過ごすことになります。その半生の3分の1を、仕事をして過ごすわけですから、働くことは単に生活の糧を得るためだけでなく、私たちの人格形成と無縁であってはなりません。

人生は一生勉強です。

心を磨く

088

完璧を求める

手の切れるようなものをつくれ。

――『生き方』(サンマーク出版)

素晴らしい製品は見た目も美しい

稲盛氏はしばしば、製品開発をする際に、「手の切れるような製品を作れ」と従業員に言葉をかけるそうです。

手の切れるような製品とはいったいなんでしょうか。

この言葉はそもそも、稲盛氏の両親、印刷業を営み職人気質だった父・畩市《けさいち》さんと、どんな逆境にあっても明るさを忘れず、ときには大胆なことを思いついたりもする母・キミさんが使っていたものだそうです。目の前に本当に素晴らしいものがあるとき、人は手に触れるのもためらってしまうような憧憬と畏敬の念に打たれる。このときの感慨を「手の切れるような」という言葉で表現したのです。

京セラで、電子機器に使われる半導体チップを保護し電気的な接続の役目を果たす半導体パッケージを、ファインセラミックスで作るために研究開発を進めていたときのことです。非常に高度な技術を要求されたことから、サンプルができるまでにたいへんな苦労と時間が費やされましたが、ついに稲盛氏のもとにサンプルが届きました。

研究開発部門のリーダーもようやく苦心が報われ、会心の作となったと思ったことでしょう。しかし、稲盛氏はそれをひと目見て、稲盛氏自身が求めていた、理想的な製品ではないと感じたのです。どことなく、「薄汚れている」ように見えたと稲盛氏は述懐しています。セラミック製の半導体パッケージは、ファインセラミックスの原料をチッソと水素の混合ガスのなかで焼き固めて作るため、脂肪分などがわずかでも付着していた場合、焼成時に炭化して、灰色っぽくなってしまうのです。稲盛氏はこのわずかな汚れを見て、「薄汚れている」と感じたのでした。

「性能はともかく、色がくすんでしまっているのはダメだ」

非情にも稲盛氏は研究開発部門のリーダーにこう告げて、やり直しを求めました。

リーダーも、自分の部下たちと一緒に毎日、努力を続けて苦心の末に作り上げたサンプルです。そう簡単に引き下がるわけにはいきません。製品の性能はクリアしている、色は関係ないはずだと、稲盛氏に反発したそうです。

しかし、稲盛氏はこれを受け入れず、突き返しました。稲盛氏にとってこれは完璧な製品ではなかったのです。立派な性能を備えた製品というものは、外見も美しいはずという信念がそこにありました。そして、リーダーを次のように諭したのです。

「セラミックスは本来、純白であるべきだ。見た目も触れれば手が切れてしまうのではないかと怖くなるくらい、美しいものでなければならない。見た目がそれほど素晴らしければ、特性も最高のものであるに違いない」（『働き方』三笠書房より）

「手の切れるような」という言葉には、稲盛氏の完璧主義の思想が込められていると言えます。仕事において、一切の妥協を許さない姿勢。自分が理想に描いたものを実現するまでは決して諦めず、何度も何度も繰り返し努力しようとすること。この言葉にはそのような稲盛氏の思いが詰まっていたのでした。

京セラという会社は、このような稲盛氏の完璧主義によって経営され、大企業にまでなりました。どんな小さなことでもひとつひとつ、完璧にこなすことを心がけるならば、きっと大きな成功を手にすることができるでしょう。

089

夢見る力

いくつになっても夢を語り、明るい未来の姿を描ける人間でありたいものです。夢を抱けない人には創造や成功がもたらされることはありませんし、人間的な成長もありません。

――『生き方』(サンマーク出版)

偶然を必然に変える

前節では完璧を目指すことを「手の切れるような製品を作れ」という言葉で稲盛氏が表現したエピソードを紹介しましたが、人間的な成長とは理想や夢を追い求めることを通じてもたらされると言っても過言ではありません。

理想や夢という言葉は絵空事という意味ではありません。本書でこれまで論じてきたとおり、それが具体的なイメージとなって見えるようになるまで、徹底的に考え抜くことこそ、理想を追いかけて、夢の実現に向けて歩を進めることなのです。

科学的な発見や芸術的な創造につながる「偶然」の出会いを表すものとして、セレンディピティという言葉が一時、流行しました。しばしば天才的な業績を残した物理学者の多くが、日常のふとした偶然的な出会いを通じてインスピレーションを掻き立てられ、それが歴史的な発見につながったというエピソードを聞くことが多いかと思います。そのような偶然的な出会いを、セレンディピティと欧米では呼び、日本では精神科医の中井久夫氏が「徴候的知」と呼んでいます。

しかし、こうしたアイデアやヒントにつながる出会いというのは、決して偶然なものではないと稲盛氏は言います。

たとえばアイザック・ニュートンは、リンゴが木から落ちるのを見て、なぜリンゴは落ちるのに空にある月は落ちないのか、と問いを立てました。これが万有引力の発見につながりました。しかし、リンゴが木から落ちるのを見た人は、ニュートンが初めてというわけではないでしょう。月が空に浮かんで、落ちてこないのを知っている人は、たくさんいるはずです。それにもかかわらず、ニュートンだけがその2つの事実から万有引力の存在を見いだしたのです。それは、日頃の問題意識の違いによる、と稲盛氏は言います。日頃からニュートンは常に宇宙や天体のことを考え続けた。それは潜在意識に浸透するほどに、強烈な問題意識だったのです。常日頃の鍛錬がある者にだけ、セレンディピティのような、神の啓示とも呼びたくなるような瞬間が訪れるのです。

この意味ではセレンディピティとは決して偶然的な出会いではないのです。あくまでそれは、常日頃の鍛錬があるからこそやってくる「必然」的な出会いと言

っても過言ではないでしょう。夢や理想を追い求めるということは、常日頃から
その目標の実現のために行動し、努力することです。
偶然を必然に変えてしまう力がそこにはあるのです。

心を磨く

090

従業員のための会社

京セラの経営理念は、
「全従業員の物心両面の幸福を追求すると
同時に、人類、社会の進歩発展に貢献する」
というものです。

心を磨く

091

自分よりも先に他人によかれと考える。
ときに自らを犠牲にしても人のために尽くす。

――『生き方』(サンマーク出版)

心を磨く

092

人の意見をよく聞く大きな耳、自分自身を見つめる真摯な目。それらを身のうちに備えて絶えず働かせることなのです。

心を磨く

093

人生とはドラマであり、私たち一人ひとりが
その人生の主人公です。

——『生き方』（サンマーク出版）

物心両面の幸福を追求する

稲盛氏が京セラを1959年に創業したとき、その設立の目的は「自らのファインセラミック技術を世に問う」ということでした。創業に尽力してくれた同志たちも、この目的に賛同し、「稲盛和夫のファインセラミック技術を世に問うために結集する。もし万が一うまくいかなければ、自分たちがアルバイトをしてでも研究費を捻出する」と言ってはばからなかったそうです。

このように、もともとは稲盛氏の技術を世に問う、といういわば利己的な考え方からスタートした京セラでしたが、創業後に雇用した社員たちにとっては、創業時のメンバーとは状況が異なります。

第一は自分の生活のために就職したのであり、設立当初の目的は彼らにとってなんのモチベーションにもならなかったのです。そのため、全従業員が心から納得し、共有できる会社の目的を確立することが求められました。

これは言い換えるならば、全従業員を強く動機づけ、全員のベクトルを合わせるために、全社員が理解し、心から共有できるような京セラ独自の企業理念を作る必要が生じたのです。

そこで稲盛氏は、京セラの企業としての目的の第一に、「全従業員の物心両面の幸福を追求する」ことを置いたのです。これは、「従業員を守る」ことを、企業として第一義とする企業姿勢を表明したものです。もともとは自分の技術を世に問うために作った会社でしたから、稲盛氏にとっても大きな転機だったことは想像に難くありません。

物心両面ということは、人間は物質的な充足だけでは幸福にはなれないという稲盛氏の哲学の反映でもあります。今日の現代文明は、近代化を成し遂げて以来、高度な物質文明を築き上げてきましたが、物質的な満足は、そのまま絶えざる欲望の世界へと入っていくことは想像に難くありません。

結果、今日、叫ばれている地球規模での環境破壊やそれに伴う気候変動といった危機的事態が引き起こされているのです。

本当の幸福は、物質的幸福だけでなく、精神的にも豊かになることなのです。この物心両面から満足を得られるような状態、すなわち物心一如のあり方を追求することが、人間にとっての真の幸福なのではないでしょうか。

　こうした姿勢は、後段にある「人類、社会の進歩発展に貢献する」という企業理念が結実し、１９８５年から開始されることとなった、先端技術や基礎科学、思想・芸術の各分野の発展に貢献した人に贈られる「京都賞」にも色濃く反映されています。

　もし、物質文明だけを礼讃《らいさん》するのであれば、京都賞の各部門は、先端技術や基礎科学で十分なはずです。しかし、京都賞は、これに思想・芸術の分野が設けられています。そこには物質的な発展だけでなく、精神的な発展も同様に重視する物心一如の考え方を見いだすことができるでしょう。

　科学技術の進展は目覚ましく、現在では人間を超えるほどの能力を持ったＡＩ（人工知能）の誕生が目前に迫っているといった状況です。しかし、こうした科学技術の進展に比べると、人間の精神的深化はどうでしょうか。

　肥大化した物質文明を危惧し、『風の谷のナウシカ』や『もののけ姫』などの長編アニメーションを制作してきた宮崎駿監督は、人工知能を含めた科学技術にばかり頼る今日の風潮を、「人間のほうが自信がなくなっている」とテレビの取材に応じて、発言しています。

科学技術の進展は確かに私たちの暮らしを一変させました。これによって物質的な幸福というものは確実に増大していると言えるでしょう。しかし、そうした物質的な幸福を求める無制限な欲望が、今日の地球規模での危機的事態を招いているのだとすれば、これをきちんとコントロールするのは、人間性や精神性といった心的なことなのではないでしょうか。

物質的な幸福だけではなく、人間性・精神性、すなわち心的な幸福も追求すること。この両者がバランスよく発展することでこそ、持続的な繁栄が達成されるのです。

094

読書で心を耕す

自分を高めるために読書をしてほしいと思います。

——『心を高める、経営を伸ばす』(ＰＨＰ研究所)

読書が精神の骨格を作る

稲盛氏はしばしばその著書で中国の古典に触れながら自説を展開しています。かつて日本では本がよく読まれ、なかでも東洋哲学、特に中国の古典などを読み、尊ぶ文化がありました。しかし出版不況と呼ばれる昨今、国民全体の読書に当てる一日の時間数が大きく減っているという文部科学省の報告もあります。より若い世代になれば、なんでもインターネットの簡略化された記事で済ませてしまい、一冊の本を買って隅から隅まで読むという読書体験をする人はたいへん少ないかもしれません。

稲盛氏は、自分を高めるためには、真剣になって良書を読むことが大切だと言います。仕事で多忙を極める稲盛氏ですが、寸暇を惜しんで、仕事の合間には必ず読書をするそうです。どんなに夜遅くなったり、お客様とお酒の席を囲んだりした後であっても、帰宅すれば必ず本を読む。稲盛氏の枕元には哲学や中国の古典の本がたくさん積まれており、それを寝る前に読むのが日課となっています。

本を読むには時間がないと思っている方も多いと思いますが、日々の時間のやりくりをすれば存外、本を読む時間はつくることができます。そのわずかな時間のあいだにも、心が打ち震えるような体験をすることができるはずです。読書の体験からは、実際に私たちが日々、生活するなかで得られる実践知とはまた違った知識を得ることができます。行ったことのない国、聞いたことのない言葉、2000年も前の昔のことが書いてある歴史書、そこからはさまざまな教訓を得ることができるでしょう。また、日々の実践のなかで磨かれた体験に、読書によって得た知識を補うことで、自分の経験を整理してくれるという効果もあるのです。

一般に、読書とはひとつの文化的な行為だと言えます。文化を英語で言えば、カルチャーですが、このカルチャーという言葉の語源となったのは、ラテン語のColereで、もともとは土地を耕すという意味でしたが、のちに「心を耕す」という意味になりました。

イギリスの思想家ジェームズ・アレンは人間の心を庭にたとえています。自分の庭が雑草だらけの荒れたものになるか、種々の美しい花が咲き誇るものになるかは、きちんと庭を手入れするか否かにかかっています。文化というものが語源どおりに「心を耕す」ことであるならば、読書もまたその人の心のお手入れとなるものだと言えるでしょう。

人が一人で経験できることは高が知れています。しかし、読書は、古今東西のさまざまな人々の生き様が反映された知の宝庫であり、他者の経験を自分のものとして追体験することができます。

日本人で二人目のノーベル文学賞を受賞された大江健三郎氏は、その私家版の詩集に「私は生き直す事ができない／しかし、私らは生き直す事ができる」と書きました。大江氏は「私」一人では、「生き直すこと」すなわち人生を変えることはできないと言います。他者の存在があって初めて「私ら」として生き直すことができる、ひいては私を変えることができるのです。無類の読書家で知られる大江氏の言葉ですから、彼は読書を通じて、他者と出会い、自身を改めてきたのです。すなわち自らの心を耕すことで、創作を続けてきたのではないでしょうか。

私たちは読書という体験を通じて、まさしく自らを反省し、過去の偉人とともに別の人生を生き直すことができるのです。

095

感動する心

感動を伴ってこそ、心から相手に理解してもらえるのです。

――『心を高める、経営を伸ばす』(ＰＨＰ研究所)

大きな感動がよい仕事を生む

心を磨くためには精進が必要であり、それには仕事を一生懸命に続けることが大切だということを、本章では説明してきました。しかし、だからといって、会社に勤める人間は、修行僧のように困難な荒行を延々と続けることを言っているわけではありません。苦しいことだけしかないのであれば、何事も長続きはしないものです。

やはり仕事を続けたり、何かを成し遂げたりするには、仕事をすることに対する喜びや、原動力となる感動体験を欠かすことはできません。

人はただ単純にお金持ちになりたいとか、大きな家に住みたいといった物質的な理由だけでは、モチベーションを抱きにくいのではないでしょうか。

日本を代表する芸術家・岡本太郎は、そのキャリアの当初、日本の画壇からは色オンチと貶《けな》され、なかなか理解されない日々を過ごしていました。どぎつい原色を用いた色彩と、抽象芸術に表れるようなはっきりとした線描は、現代美術後進国と言われていた当時の日本では大した評価は得られていなかったのです。

しかし、決して岡本太郎は諦めることはありませんでした。むしろ、理解されない、逆に不快だ、わからないと否定的に言われることをよしとして、制作を続けたのです。

この彼の抽象芸術運動への参加は、大きな感動によって動機づけられています。親元を離れ、パリに住んでいたとき、岡本太郎は20世紀の近代アートの巨匠パブロ・ピカソの絵を見て大きなショックを受けました。感動のあまり、展覧会場を出て、帰りのバスのなかで、ぼろぼろと涙が止まりませんでした。圧倒的な感動でした。

そしてこう決意します。「ピカソを乗り越える仕事をしてやろう」。

その後、どんなに誹謗《ひぼう》中傷されようとも、ピカソを乗り越える仕事をしようと、制作を続けたのです。当時、ピカソの真価を理解し、さらにはそれを乗り越えてやろうと考えた日本人芸術家は、ただ岡本太郎一人だけでした。

圧倒的な感動は、深い理解から始まっていると同時に、そうした他者への感動体験を持っている人は必ず、他者に伝わるような何かを成し遂げることができるのです。

この意味では、感動とは、言い得ぬ充足感であると同時に、人を何か別の行動へと駆り立てる原動力なのではないでしょうか。そして大きな感動は、人間の心をより深化させ、ただ一人の人間の内面だけではおさまり切らずに、他者にも影響を与えてしまうほどの力を持っているのだと。岡本太郎のピカソ体験を考えると、そう思わずにはいられません。

096

「やれる」という自信

やってもいないことまでが、「やれる」という自信に変わったときにはじめて、「見える」ということになるのです。

――『心を高める、経営を伸ばす』（ＰＨＰ研究所）

「見える」までイメージすること

稲盛氏が手がけた通信事業への新規参入（第二電電の設立）というのは、初期投資だけでも1000億円もかかるというたいへんリスクの高い事業だと周囲からは思われていました。実際に役員会でも慎重論を推す意見もありました。

そもそもこの事業がスタートしたのには、電電公社（現・NTT）の独占によって高い電話料金を国民が強いられているという状況をどうにかしたい、という稲盛氏の強い思いがあったためでした。当時、京セラは過去の利益から1500億円ほどの貯えがあり、万一失敗しても500億円は残ると考え、参入に踏み切ったそうです。このときも毎日、相当に悩み抜き、そこに私心がないかどうか、自己反省を繰り返した末での決断でした。

この長距離通信の事業は軌道に乗り、次に移動体通信の事業を始めたいと通商産業省（当時）に申し出ました。移動体通信とはいまでいう携帯電話のことです。

今日では当たり前のようになった携帯電話も、当時はシステムから使い方、その料金体系に至るまで、前例もなければノウハウもない、暗中模索の状態です。
ところが稲盛氏は違いました。まだ何もわからない時期に、いまの料金設定と同じ条件を提示し、「この料金体系にしたい！」と言ったのです。

稲盛氏には見えていたのです。前述のとおり、「いつでも、どこでも、誰とでも」という携帯電話のコミュニケーション時代、つまり子供からお年寄りまですべての人が電話番号を持つ時代が来るということを、ありありと思い描くことができていたのです。しかも、ただ絵空事のように思い描くのではなく、どれくらいのスピードで、どのように普及していくのか、またどのくらいの値段や大きさで流通していくのか、事前にそのイメージがはっきりと「見えていた」と言います。

これはすでに京セラで手がけた半導体部品の事業を通じて、その技術革新の速度やコストの変遷に関する経験知があったからこその予測でした。しかし、稲盛氏はそれだけでなく、料金体系すらもはっきりと「見えていた」のです。

ある幹部が稲盛氏が言った料金体系をメモしていたそうですが、携帯電話の事業がスタートしてから、このメモを見たとき、実際の料金体系とほとんど変わらなかったのです。

「なぜこんなに見通せるのか。原価も何もわからない雲をつかむような状況で、どうしてそう言えたのか」とその幹部は驚きました。

通信事業への参入は、あくまでも「高い電話料を強いられている国民の生活をどうにかしたい」という大義のある動機がもとになっていました。

そして、それを実現するためには、まず隅々まで明瞭にイメージできるほどに考えること。これができれば間違いなくうまくいくのです。

稲盛氏は、講演のなかで次のように言っています。「善きことを思い、善きことを為せば想像を絶するほど思いどおりに物事がうまくいく」と。

「動機は善なりや」と自らに問いかけ、そうであると確信したならば、それが実現したときのイメージを克明に、目の前に「見える」ところまで持っていくことが、物事を成就させるためにたいへん重要になってくるのです。

097

公平無私の精神

人を動かす原動力は、
ただ一つ公平無私ということです。

心を磨く

098

日本人がまだ豊かさを実感できないとすれば、それは貧弱な精神に由来するとしか思えないのです。

――『心を高める、経営を伸ばす』（PHP研究所）
『「成功」と「失敗」の法則』（致知出版社）

利他とビジネス

iPS細胞の開発者であり、ノーベル賞・京都賞受賞者の山中伸弥氏との対談のなかで、稲盛氏は次のように述べています。

「京セラの原点ともいえる工場は滋賀県にあるのですが、近江商人には『三方よし』という原理があります。『売り手よし、買い手よし、世間よし』というものです。私はビジネスの神髄とは、こうして三方のバランスを取ることだと思っています」（稲盛和夫、山中伸弥『賢く生きるより 辛抱強いバカになれ』朝日新聞出版より）

京セラは1990年にアメリカを代表する電子部品メーカーのAVX社を買収しました。先方の株価が1株20ドル前後だったところを、稲盛氏はその5割増しの30ドルで買うと提示すると、先方はその案をいったん受け入れました。しかし、話を詰める段になって、先方は「株の買取価格を高くしてもらいたい」と言い出したのです。

京セラの弁護士はもちろん、役員たちも大反対しましたが、稲盛氏は「相手に喜んでもらわなければ意味がない」と弁護士や役員たちを説得し、契約を締結したのです。

一見すると、京セラは大損をしているように見えますが、実際はそうではありませんでした。AVX社はアメリカのサウスカロライナ州に本社工場を持っていました。ここはアメリカのなかでも保守的な州で知られ、第二次世界大戦後も対日関係においてはあまり好意的でない土地柄でした。その地域のアメリカ企業が、京セラの100パーセント子会社となったわけです。

しかし、買収後に稲盛氏がAVX社を訪れると、従業員たちは「歓迎」の横断幕を準備して、総出で手厚く歓迎してくれたのです。AVX社の経営陣たちが、従業員に「京セラは礼に厚い会社だ」と説明してくれていたためです。このような友好関係を基にして、その後、業績を伸ばし、ニューヨーク証券取引所にも再上場するような成長を遂げました。

国が違えば、言葉も慣習も違う。ひいては仕事をする際にもさまざまな意見の相違というものが存在します。そのため、海外で経営をする際には、どのように

「人を治める」のかということを考えに入れなければなりません。

人を治めるというと、力によって押さえつけて、従属させるようなイメージがあるかもしれません。実際に歴史をひもといてみても、他の民族を力で押さえるというケースは多々ありました。

しかし、稲盛氏は、そのようなことがあってはならないと言います。力による統治ではなく、人間性、つまり人間の徳をもって、相手の信頼と尊敬を勝ち取り、人を治めていくようでなければならないのです。

ではどうすれば、言葉も文化も違う外国の人を信頼せしめ、尊敬せしめることができるでしょうか。稲盛氏は、「素晴らしい人格」が必要不可欠だと述べています。言語や生活習慣の壁を超えて外国の人たちが尊敬してくれるということは、よほどその人の人格が優れているということの証左です。それは、人間として持つべき徳が備わっているからなのです。

人間としての徳というものは、国境を越えて、文化・言葉の違いも関係なく、普遍的に通じるものであり、万国共通のものです。たとえば「公平無私」のような普遍的に通じる徳でもって人を治めることができなければ、海外での企業統治はまず難しいことでしょう。

21世紀の今日、多くの場面でグローバル経営が求められています。日本の企業が今後、伸びていくことができるかどうかは、海外の現地法人のトップから末端の社員までもが、日本の本社に対して信頼と尊敬の念を抱いてくれるかどうかということにかかっています。

一人の人間のように、その会社自体が持つ人格、「社格」ともいうべきものが、人種や言葉、歴史、文化の壁を超え、普遍的に世界の人々の心に訴えるほどに素晴らしいものであるかどうかにかかっているのだとも言えるでしょう。

099

自由は悪にもなる

人間は、自由であるがために
知らないうちに他人に対しては悪を
なすことがあるのです。

――『稲盛和夫の哲学』(PHP研究所)

煩悩と自由

なぜ私たちはことさら利他であることを意識し、心がけなければならないのでしょうか。ある人は、人間の本性は悪であるから、意識的に善を心がけなければならないという性悪説を持ち出して語ります。性善説・性悪説の議論は古くからありますが、稲盛氏は「人間の本性とは善でも悪でもない」と言います。

仏教では、肉体を持って生まれた人間は、6つの煩悩すなわち六大煩悩を授かっているとされます。それは「貪《とん》」「瞋《じん》」「癡《ち》」「慢《まん》」「疑《ぎ》」「見《けん》」と呼ばれるものです。「貪」とは貪欲な心を指しており、なんでもわがものにしたいという欲望のことです。「瞋」とは自分勝手な振る舞いをして、周囲に当たり散らしたり怒ったりするような浅ましい心のこと。「癡」とは自分の思うとおりにならないことに不平不満をこぼし、愚痴を言う心であり、「慢」は傲岸不遜な心を意味します。「疑」はお釈迦様が説く真理を疑う心、そして、「見」は悪見とも呼ばれ、物事を悪く見てしまう心のことです。そもそも人間は生きている以上、この六大煩悩がなければ、自身の肉体を保持することはできません。煩悩とは本来、人間に与えられた、肉体を保つための智恵なのですが、稲盛氏はこれに「自由」が加わることによって「悪」をつくり出すことがあると説きます。

たとえば、今日、未成年の凶悪犯罪がとりわけセンセーショナルに報道されています。そのように未成年の子供たちが凶悪犯罪に手を染めてしまうのも、自由を欲しいままにしている現状があるからではないでしょうか。というのも、戦後、教育の場では「自由こそ大事だ」と教えてきました。

近年でも「子供の自主性を尊重すべき」という方針のもと、教育が行われています。ですが、まだ個がきちんと形成されていない幼稚園の頃から、自主性を尊重し、放任するということは、他人のことを顧みずに、ただ単に自分の欲望を優先するような、勝手気ままな子供を育てることと同じなのではないでしょうか。このような教育の結果が、何歳になっても自己の欲望を抑えることができない青少年を生むことにつながっているように思えてなりません。欲望＝煩悩とは、それだけでは善とも悪とも言えませんが、自由と合わさることで悪になってしまう。だからこそ、自らの欲望＝煩悩を抑えることが必要なのです。

京セラの工場の懇親会で社員を激励する稲盛氏

100

勤勉さが心を磨き、人間をつくる

みんなで勤勉に働くのは、それが心をつくり、
人間をつくっていくからである。

心を磨く

101

広く浅く知ることは、
何も知らないことと同じなのです。
深くひとつのことを探求することによって、
すべてのことに通じていくのです。

――『稲盛和夫の哲学』『心を高める、経営を伸ばす』（ＰＨＰ研究所）

ひたむきにひとつのことを追求する

日本人の勤勉さは、かつて世界的にもよく知られたものでした。

たとえば、連合国軍最高司令官マッカーサーは、極東政策をめぐる議会証言で、日本人の労働観について語っています。それは日本の労働者には、遊んでいるときよりも働いているときのほうが幸福であるという、「労働の尊厳」のようなものがある、ということだったそうです。

戦後復興を成して、高度経済成長を支え、日本を再び世界の国々と競合する経済大国へと導いたのも、勤勉の価値観を持っていた日本人だったからこそ実現できたのではないでしょうか。かつての日本人は、働くことはただ報酬を得る行為であるという唯物的な発想ではなく、人格や心を磨く、ひとつの修錬であることをよく知っていたのだと言えます。

高度経済成長を牽引し、日本列島改造を唱えた稀代の政治家・田中角栄は、若い頃、郷里の新潟から東京へと旅立つときに母親からかけられた言葉を、生涯の金科玉条としました。そのうちのひとつに「人間は休息が必要だ。休んでから働くか、働いてから休むか。そのときには働いてから休みなさい」。まさに、当時の日本人の勤勉さがよくわかる言葉だと思います。

また勤勉であるということは、ひとつのことにとことん打ち込むことでもあります。しばしば、新卒で入社してきた若者は、会社に入って地味な仕事ばかり続くと、「こんなことばかりしていていいものだろうか」と不安になり、「他の仕事をやらせてほしい」と言い出します。

しかし、何でも手を出すことが勤勉なのではありません。

広く浅く得た知識は何も学ばないことと同じです。むしろひとつのことを徹底的にやり抜くからこそ、物事の真理をつかむことができ、それがその人の誇りにもなるのです。

稲盛氏も社会人になって間もなくの頃、高卒の若く優秀な助手たちと一緒に、朝から晩まで粉末を固めて形にする仕事をしていたそうです。セラミックスの研究開発とはいうものの、実際は粉との格闘の毎日。全身、粉まみれ泥まみれの肉体労働でした。

大学を出てまさかこんな「汚れ仕事」をするのかと、少々、落胆もしていたそうです。ですが、そんな「汚れ仕事」を嫌っていては何もできないし、自分がそんな態度で仕事に臨んでいたら、助手たちのやる気も削《そ》がれるだろうと思い直したのです。

そして、自分自身にも言い聞かせる意味で、次のように助手たちに声をかけ続けたと言います。

「どこの大学教授が粉まみれになって、研究をしているだろう。我々はいま、東大でも京大でもできないような高度な研究をしている。実践なくして、セラミックスの本質はわからない。このような地道な研究こそが真の学問であり、すばらしい製品を世に送り出すためにも不可欠なのだ」（『ど真剣に生きる』ＮＨＫ出版より）

人は目先のつらさや苦しみにとらわれすぎると、つい誇りを見失います。しかし、どんなにつらいことであっても、自分の仕事の意義を知り、情熱を傾け、達成するならば、その体験はきっと人生の糧となり、自信につながるでしょう。人間の一生にとってこんなに素晴らしいことはないのではないでしょうか。

もし、あなたが自分の仕事やいま置かれた環境に満足がいかず、他の仕事や環境に目移りしてしまっているのなら、本当に現在の仕事をこれ以上ないほどに努力してひたむきに追究したと言えるのか、自分の胸に手を当てて考えてみましょう。満足にひとつのことを最後まで達成できない人間には、人生の報酬も少ないものと心得るべきでしょう。

心を磨く

102

仕事では完全主義を求めよ

完全な仕事の追求を、
日々の習慣としなければなりません。

――『心を高める、経営を伸ばす』（ＰＨＰ研究所）

ベストではなくパーフェクト

稲盛氏は、常に仕事において、完全主義（パーフェクト）を求めます。

たとえば、事務職の人間は9割方うまくいけばよしとしがちです。それはミスがあっても、消しゴムで消せると思っているからです。ですが、製品の製造開発を行っている現場では、それは許されません。ファインセラミックスでは、粉末状になった金属の酸化物の原料を混ぜたものを型に入れて、プレスし、形を整えて高温の炉のなかで焼き上げます。さらにこれを研磨し、表面を金属加工する。原料から製品になるまで、いずれの工程においても、繊細な技術が要求されます。たとえ99パーセントうまくいっていたとしても、残りのわずか1パーセントが失敗してしまえば、すべてダメになってしまうことがしばしばなのです。最後の1パーセントの努力を怠ったがゆえに、不良品が発生し、材料代、加工賃、電気代といったあらゆる経費、それまでに注ぎ込んできた時間や努力、あらゆるものが無駄となるのです。それは社内だけでなく取引先の会社やひいては社会全体にも影響を及ぼします。

目の前の仕事ひとつひとつに最後まで、徹底してあたらなければなりません。

京セラを創業して20年ほどたったある日、ある多国籍企業の社長が来日し、稲盛氏を訪ねたことがあったそうです。業種も違う企業でしたが、ぜひ稲盛氏と経営哲学を語り合いたいというフランス人社長の熱意に、初対面ながら意気投合し、その後、アメリカで再会して、経営談義に花を咲かせました。

その折、フランス人社長は「我が社ではベストを尽くすことをモットーにしている」と話したのに対し、稲盛氏は賛意を表しつつも、次のように自説を語りました。「ベストという言葉は、他と比較して、その中ではもっともいいといった意味で、いわば相対的な価値観である。したがって、レベルの低いところでもベストは存在する。しかし、私たち京セラが目指すのはベストではなく、パーフェクトである。パーフェクトはベストとは違って絶対的なものだ。他との比較ではなく、完全な価値を有したもので、他がどうであれ、パーフェクトを超えるものは存在し得ない」（『働き方』三笠書房より）。

稲盛氏が理想とし、実践している完全主義とは、「よりよいもの」ではなく、「これ以上はないもの」なのです。

このようなパーフェクトを達成するためには、最初から最後まで、常に神経を張りめぐらし、どんな些細《ささい》なことにも集中する「有意注意」の精神が求められます。「有意注意」をもって常に仕事に臨むことはたいへん難しいことですが、日頃から意識していれば習い性となり、そのうちに苦もなくできるようになるものです。

もちろん、人間のやることに完全や完璧を求めても難しいものです。どんなに気をつけていても、人為的なミスというものは出てきてしまうものです。だからといって、完全主義を追求することを諦めてはいけません。

5章にわたってご紹介してきた稲盛氏の哲学は、日々、努力を重ねることこそ大切なのだということを教えてくれます。はじめから完全な人間などいません。ぜひ本書で取り上げた言葉や教えを胸に、日々の努力を大切にしていただきたいと思います。そのためにも、最後に「六つの精進」を紹介します。

六つの精進

103
誰にも負けない努力をする。

104
謙虚にして驕らず。

心を磨く

105

反省のある毎日を送る。

106

生きていることに感謝する。

——『六つの精進』（サンマーク出版）

心を磨く

107

善行、利他行を積む。

108

感性的な悩みをしない。

――『六つの精進』(サンマーク出版)

素晴らしい人生を送るための6つの教え

稲盛氏はしばしば、人生とは心、ひいては魂を磨くということが究極の目的であると述べ、「六つの精進」というものを毎日実践することを推奨しています。これは人間として素晴らしい人生を送るための必要最低限の条件でもあるのだと稲盛氏は言います。

本書を結ぶにあたり、この「六つの精進」を稲盛氏が説くようにひとつずつ解説していきましょう。

まず最初の精進は、「誰にも負けない努力をする」ということです。これがそもそも最初に挙げられているのも、人生で最も大事なことが「誰にも負けない努力をする」ことだからです。素晴らしい人生を生きるにせよ、素晴らしい企業経営をするにせよ、誰にも負けない努力をし、一生懸命に働くことが必要です。まずこのことを除いては、人生の成功もありえないと心得ましょう。

2つめの精進は「謙虚にして驕らず」です。これは成功して驕り高ぶっている人だけに対して謙虚になれと言っているのではなく、たとえ小さな企業経営者であっても、人生においては一貫して謙虚でなくてはならないという意味です。中国の古典『陰騭録』のなかに「ただ謙のみ福を受く」という言葉がありますが、まさしく幸福を得られる人はすべからく謙虚なのだということです。会社が立派になり、成功が続くと人はつい有頂天になりがちで、傲慢な利己が顔を出します。そのようなときは「ただ謙のみ福を受く」という言葉を思い出してみてください。

3つめは「反省のある毎日を送る」です。自分の悪い心、利己的な自分を抑えて、自分が持っている心のよい部分を、心のなかにもっと芽生えさせていく作業こそ、「反省する」ということなのです。日々の自分の行動や発言に、反省することが少しでもあると感じたならば、改めなければいけません。こうした反省のある毎日を送ることで、人格が練られ、心が磨かれていくのです。

4つめは「生きていることに感謝する」。あまりに自明のことですが、人は決して一人では生きていけません。あらゆる動物のなかで、生育にこれだけ時間がかかるのは人間だけです。そのため、幼い頃から両親や兄弟姉妹、友人の助力を受けて、私たちは育ち、大人になって社会に出てからも、職場の上司や部下などさまざまな人々に支えられて生きています。そのうえ、この地球に存在する森羅万象によって、私たちの命というものは保たれているのです。そのように考えたときに、健やかに生きているということに、感謝の心が自然と湧いてこなければならないでしょう。むしろ生かされているということに感謝し、幸せを感じる心を持つことができるなら、その人の人生はそれだけで豊かで潤いのある素晴らしいものになることでしょう。

5つめは「善行、利他行を積む」です。自らが生かされていることに感謝するならば、自然と、他人に親切に思いやりのある心で接することができるでしょう。このように利他に努めることは、たいへん重要なことです。これも『易経《えききょう》』で述べられていることですが、「積善の家に余慶あり」という言葉があります。善行すなわち利他行を積んだ家にはよい報いがあるという意味です。このようにあなたが人に与えた善は循環し、いつかあなた自身に還ってくるはずです。

最後の6つめは「感性的な悩みをしない」です。

仕事に失敗すると人はついクヨクヨと悩んでしまうことがあります。そのまま悩み続けて心の病になる人が現代日本にはいかに多いか。しかし、すでに起こってしまったことは、「覆水盆に返らず」という諺にもあるとおり、取り返しがつきません。いつまでも悔やみ、思い悩むよりも、失敗の原因を考え、二度と同じ過ちはしないと決意し、新しいことに邁進することこそ大切なのではないでしょうか。

この6つの教えを、日々貫くことで、必ずや素晴らしい人生を送ることができるのです。

『南洲翁遺訓』を読む稲盛氏。写真：菅野勝男

出典・参考文献（順不同）

稲盛和夫著『生き方　人間として一番大切なこと』サンマーク出版
稲盛和夫著『京セラフィロソフィ』サンマーク出版
稲盛和夫著『六つの精進 DVD付き すばらしい人生を実現するために』サンマーク出版
稲盛和夫著『考え方　人生・仕事の結果が変わる』大和書房
稲盛和夫著『働き方　「なぜ働くのか」「いかに働くのか」』三笠書房
稲盛和夫著『アメーバ経営』日本経済新聞出版社
稲盛和夫著『稲盛和夫の実学　経営と会計』日本経済新聞出版社
稲盛和夫著『稲盛和夫のガキの自叙伝　私の履歴書』日本経済新聞出版社
稲盛和夫著『稲盛和夫の哲学　人は何のために生きるのか』PHP研究所
稲盛和夫著『成功への情熱　PASSION』PHP研究所
稲盛和夫著『心を高める、経営を伸ばす　素晴らしい人生をおくるために』PHP研究所
稲盛和夫著『新版・敬天愛人 ゼロからの挑戦』PHP研究所
稲盛和夫著『日本への直言　夢と志ある社会を求めて』PHP研究所
稲盛和夫著『人生の王道　西郷南洲の教えに学ぶ』日経BP社
稲盛和夫著『ごてやん　私を支えた母の教え』小学館
稲盛和夫著『「成功」と「失敗」の法則』致知出版社
稲盛和夫著『ど真剣に生きる』NHK出版
稲盛和夫著『燃える闘魂〈新書版〉』毎日新聞出版
稲盛和夫著、鹿児島大学稲盛アカデミー編『活きる力』プレジデント社
稲盛和夫、山中伸弥共著『賢く生きるより 辛抱強いバカになれ』朝日新聞出版
稲盛和夫、梅原猛共著『人類を救う哲学』PHP研究所
稲盛和夫、瀬戸内寂聴共著『利他　人は人のために生きる』小学館
アンドレ・ルロワ＝グーラン著、荒木亨訳『身ぶりと言葉』筑摩書房
吉田全作著『吉田牧場　牛と大地とチーズとの25年』ワニブックス
大江健三郎著『定義集』朝日新聞出版
大江健三郎著『読む人間』集英社
佐々木閑著『ブッダに学ぶ「やり抜く力」』宝島社
ほか多数

装幀：鈴木成一デザイン室
本文デザイン・DTP：木下裕之（kworks）
編集：宮下雅子（宝島社）
構成・執筆協力：吉祥寺事務所

敬愛する西郷隆盛の銅像前にて（鹿児島市）。写真：菅野勝男

[述]

稲盛和夫（いなもり・かずお）

1932年、鹿児島市に生まれる。1955年、鹿児島大学工学部を卒業後、京都のメーカーに就職。1959年、資本金300万円で京都セラミック株式会社（現・京セラ株式会社）を設立し、社長、会長を経て1997年から名誉会長。また1984年、電気通信事業の自由化に際し、第二電電企画株式会社を設立し、会長に就任。2000年、DDI（第二電電）、KDD、IDOの合併によりKDDI株式会社を設立し、名誉会長に就任。2001年より最高顧問となる。2010年より日本航空（JAL、現・日本航空株式会社）会長に就任。代表取締役会長を経て、2013年より名誉会長、2015年に名誉顧問となる。一方、1984年には私財を投じ、稲盛財団を設立し、理事長に就任。同時に国際賞「京都賞」を創設し、毎年、人類社会の進歩・発展に功績のあった方々を顕彰している。また、1万人を超える世界中の若手経営者に経営を説く「盛和塾」の塾長として、経営者の育成にも心血を注いだ。2022年90歳で逝去。著書に『生き方』『京セラフィロソフィ』（ともにサンマーク出版）、『働き方』（三笠書房）、『考え方』（大和書房）など多数。

稲盛和夫 OFFICIAL SITE
https://www.kyocera.co.jp/inamori/

[構成]

稲盛ライブラリー

2013年、京都市伏見区にある京セラ本社の隣りに、稲盛和夫の人生哲学、経営哲学を継承する施設として開設。稲盛和夫の資料を収蔵・管理するほか、社会からの要請に応え、出版支援活動やウェブサイト等で情報発信を行う。
また展示施設として、稲盛和夫の人生・経営哲学をベースに、その足跡や様々な社会活動を紹介し、一般公開も行っている。日本はもとより世界各国から、経営者、企業幹部を中心に学生など幅広い年代が訪問する。

稲盛ライブラリー
https://www.kyocera.co.jp/inamori/library/
稲盛ライブラリー facebook
https://www.facebook.com/inamorilibrary/

宝島
SUGOI
文庫

稲盛和夫 魂の言葉108
（いなもりかずお　たましいのことば108）

2023年9月20日 第1刷発行

述　稲盛和夫
構　成　稲盛ライブラリー
発行人　蓮見清一
発行所　株式会社 宝島社
〒102-8388 東京都千代田区一番町25番地
電話：営業 03(3234)4621／編集 03(3239)0646
https://tkj.jp

印刷・製本：株式会社 広済堂ネクスト

Printed in Japan
ISBN978-4-299-04542-3